广视角·全方位·多品种

权威·前沿·原创

皮书系列为
“十二五”国家重点图书出版规划项目

U0832491

BLUE BOOK

基金会蓝皮书

BLUE BOOK OF FOUNDATION

中国基金会发展报告（2013）

ANNUAL REPORT ON CHINA'S FOUNDATION DEVELOPMENT (2013)

主　编／刘忠祥

社会科学文献出版社
SOCIAL SCIENCES ACADEMIC PRESS (CHINA)

图书在版编目(CIP)数据

中国基金会发展报告. 2013/刘忠祥主编. —北京：社会科学文献出版社，2014.6
(基金会蓝皮书)
ISBN 978 - 7 - 5097 - 5943 - 1

Ⅰ. ①中…　Ⅱ. ①刘…　Ⅲ. ①基金会 - 发展 - 研究报告 - 中国 - 2013　Ⅳ. ①D632.1

中国版本图书馆 CIP 数据核字（2014）第 078181 号

基金会蓝皮书
中国基金会发展报告（2013）

主　　编 / 刘忠祥

出 版 人 / 谢寿光
出 版 者 / 社会科学文献出版社
地　　址 / 北京市西城区北三环中路甲 29 号院 3 号楼华龙大厦
邮政编码 / 100029

责任部门 / 经济与管理出版中心（010）59367226　　责任编辑 / 蔡莎莎
电子信箱 / caijingbu@ ssap. cn　　责任校对 / 白桂华
项目统筹 / 周　丽　蔡莎莎　　责任印制 / 岳　阳
经　　销 / 社会科学文献出版社市场营销中心（010）59367081　59367089
读者服务 / 读者服务中心（010）59367028

印　　装 / 北京季蜂印刷有限公司
开　　本 / 787mm × 1092mm　1/16　　印　　张 / 14.25
版　　次 / 2014 年 6 月第 1 版　　字　　数 / 175 千字
印　　次 / 2014 年 6 月第 1 次印刷
书　　号 / ISBN 978 - 7 - 5097 - 5943 - 1
定　　价 / 69.00 元

本书如有破损、缺页、装订错误，请与本社读者服务中心联系更换
版权所有　翻印必究

《中国基金会发展报告（2013）》
编　委　会

主　　　任　顾朝曦

副　主　任　王建军

编　　　委　（以姓氏笔画为序）

邓国胜　刘培峰　金锦萍　贾西津
陶传进　黄　震　韩俊魁

主　　　编　刘忠祥

副　主　编　马　昕

参加撰写人员　（以姓氏笔画为序）

马国平　王小峋　王正敏　王钢治
卢玮静　刘程程　余永龙　邵　逸
沈东亮　沈　慎　郑　帅　罗　毅

编　　　务　李　莉　王乐实　阳慧颖　张欢欢

此报告的研究和出版得到了凯风公益基金会的资助

摘　要

《中国基金会发展报告（2013）》包含一篇总报告和四篇分报告。总报告描述了中国基金会发展的整体格局，主要包括基金会发展数量、资产状况、收入状况、支出状况和专职工作人员状况，在每个部分又分别以类型、登记时间、登记地区（部门）为维度进行分类分析。最后，本报告结合近三年来的基金会发展现状来分析基金会的发展趋势并厘清一些基本事实。

分报告1呈现了民政部主管的基金会发展现状，除了基本的数据描述之外，该报告较为翔实地介绍了这类基金会的内部治理和公益项目开展状况。同时，报告也从该角度呈现了基金会发展中存在的问题。

分报告2呈现了上海市登记的基金会发展状况。上海市是近年来基金会蓬勃发展的代表地区之一，通过该份子报告进一步呈现不同地区基金会的发育现状和其典型的地区特点。

分报告3为企业基金会研究报告。企业基金会数量和资产都迅速膨胀，且体现出鲜明的群体性特征。该报告从数量、资产、收支、人员、项目等方面对企业基金会发展现状进行分析研究，并对企业基金会公益项目进行不同层次的分类分析。

分报告4为境外基金会代表机构发展报告，该报告结合历年境外基金会代表机构年度检查情况，从发展背景、设立登记情况、收支情况、工作人员情况、活动领域、区域特点和运作方式等方面，对境外基金会代表机构的现状进行了阐述。

Abstract

Annual Report on China's Foundation Development (*2013*) contains a main report and four sub-reports. The main report, which described the overall described the overall devalopment status of China's foundations, was based on the data of annual inspection. This mail report included the statistical status of foundations' amount, assets, income, expentiture, and the number of full-time staff. At the same time, the main report analyzed all the status reports from perspectives of type, registered years, and region (department) of registry. On the basis of comprehensive analysis of the 2012 status reports of foundations, the main report displayed the development trend of foundations in China with the three years current situation of foundation and cleared out some fundamental facts.

Sub-report 1 presented the development status of foundations supervised by the Ministry of Civil Affairs. In additional to the basic data description, this sub-report described in detail the internal management and philanthropic projects. At the same time the sub-reports presented the problems and thinking of foundation in its view.

Sub-report 2 presented the development status respectively of foundations in Shanghai. Shanghai is a representative region of the prosperous development of foundations in recent years. Through the sub-reports, the development status of foundations on region differences, and their tupical regional features were further displayed.

Sub-report 3 is the research report of enterprise foundations. The amount and assets of enterprise foundation had a significant rise, and presented distinct group features. This sub-report conducted analyses on enterprise foundations from aspects of amount, assets, income, expenditure, personnel and projects, and analysed different levels of enterprise foundations according to their philanthropic projects.

Sub-report 4 is the annual report on representative offices of overseas foundation development. This sub-report presented the current situation of foundation with the information of annual inspection situation, which included backgrounds, registration informations, incomes and expenditures, staffs, activity areas, regional characteristics and operating modes.

改革社会组织管理制度
充分激发社会组织活力

（代序）

党的十八届三中全会通过的《中共中央关于全面深化改革若干重大问题的决定》（以下简称《决定》），是指导新形势下全面深化改革的纲领性文件。《决定》从全面深化改革的战略高度，提出了“激发社会组织活力”的改革举措，明确了社会组织在国家治理中的主体地位和重要作用，这对社会组织的改革发展具有重要的里程碑意义。

一 充分认识十八届三中全会对社会组织改革发展作出重大部署的重要意义

（一）是全面深化改革的必然要求

改革开放以来，我国经济体制发生深刻变化，社会结构深刻变动，在给我国发展进步带来巨大活力的同时，也给政府管理带来诸多新情况、新问题。从总体上看，政府职能转变比较滞后，政府直接配置资源的范围仍然过大，公共服务供给仍然不足，市场监管和社会管理仍然相对薄弱。这就要求政府转变观念，创新社会治理方式。《决定》将社会组织作为全面深化改革的重要内容，其目的就是实现政府治理与社会自我调节、居民自治的良性互动，进一步发挥社会组织的作用，激发社会活力。政府真正实现从“依靠群众打天下”向“依靠群众治天下”转变，逐步从“全能政府”向“有限政府”转变，从“撑船”向“掌舵”转变，这是一种积极的发展观。因此，作为国家治理的重要主体，社会组织不可或缺。

（二）是促进政府职能转变的关键

推进政府职能转变是处理好政府与市场、政府与社会的关系的核心环节。《决定》要求，“凡属事务性管理服务，原则上都要引入竞争机制，通过合同、委托等方式向社会购买”，提出“推进有条件的事业单位转为企业或社会组织”，“适合由社会组织提供的公共服务和解决的事项，交由社会组织承担”，“限期实现行业协会商会与行政机关真正脱钩”。社会组织是政府职能转变的重要承担者，完全可以承担政府部门管理不好或无法管理的社会事务，政府部门向社会组织放权，或与社会组织进行共同治理，能从根本上改变政府管理经济与社会事务的理念和方式，有利于政府职能的转变，推进政事、政社分开，建设服务型政府。

（三）是放大社会组织正能量的保证

党和政府历来高度重视社会组织的建设和管理，积极发挥社会组织在经济社会发展中的作用，基本建成了门类齐全、覆盖城乡、涉及社会生活各个领域的社会组织体系。1988 年，全国登记社会组织 4400 多个，到 2013 年第三季度，全国登记社会组织增加到 51 万多个，增长 100 多倍，社会组织取得迅猛发展，在促进经济发展、繁荣社会事业、创新社会治理等方面发挥了重要作用。但是我们也要看到，社会组织发展中还存在不少问题：法律法规不健全，管理体制不完善，行政色彩浓厚，发育不够成熟，缺乏活力，社会组织参与国家治理的整体能力和机会空间还很有限，需要对社会组织管理制度进行改革。《决定》提出“支持和发展志愿服务组织”，“重点培育和优先发展行业协会商会类、科技类、公益慈善类、城乡社区服务类社会组织”，“推进社会组织明确权责、依法自治、发挥作用”，就是要为社会组织松绑，为社会组织发展注入新的血液，推动社会组织释放正能量。

二　把握改革社会组织管理制度的重点

（一）深化社会组织登记制度改革

《国务院机构改革和职能转变方案》对社会组织登记制度进行了重大调整，明确成立行业协会商会类、科技类、公益慈善类、城乡社区服务类社会组织，直接向民政部门依法申请登记，不再需要业务主管单位审查同意。当前最紧要、最迫切的任务，就是要协调修订出台《社会团体登记管理条例》，推动《基金会管理条例》《民办非企业单位登记管理暂行条例》的修订工作，为深化管理制度改革提供政策法规支持。要抓紧制定并落实社会组织分类标准和四类社会组织直接登记的具体办法。研究做好境外非政府组织代表机构登记管理工作。按照中央关于简政放权、转变政府职能的要求，要在社会组织登记管理上取消不必要的审批，下放权限，取消对社会团体筹备成立和社会团体分支（代表）机构设立、变更、注销登记的审批，下放基金会和异地商会登记审批权限。

（二）推进行业协会商会与行政机关脱钩

由于历史的原因，目前，有些社会组织尤其是行业协会商会行政化色彩明显，政社不分、管办不分、责任不清，需要加快推进行业协会商会与行政机关脱钩工作。要正确处理政府与社会的关系，坚持行业协会商会去行政化，厘清行业协会商会和行政机关的职能边界，增强其自主性和活力。要协调出台并落实行业协会商会与行政机关脱钩的总体方案。建立健全脱钩工作机制，明确职责分工，制定脱钩配套政策，确保新老体制稳妥过渡。要开展行业协会商会脱钩试点，在机构、职能、资产、财务、人员等方面推进其与行政机关脱钩。严格规范公务员在行业协会商会兼职任职。引入竞争机制，探索一业多会。行业协会商会要设立独立账号，资产不明晰的要限期完成划分。

（三）完善社会组织监管制度

坚持一手抓积极引导发展，一手抓严格依法管理。按照“统一登记、各司其职、协调配合、分级负责、依法监管”的要求，完善社会组织管理体制，促进社会组织健康有序发展。明确部门管理职责，依法履行登记、备案、年检、监督、执法等综合监管职能。改革优化社会组织年检工作，推行基金会抽查审计。制定加强社会组织执法监察工作意见，推动建立多部门联合执法机制。完善第三方评估机制，健全社会监督体系。会同有关部门做好直接登记类社会组织的过渡衔接工作。探索对离岸社团、网络社团的监管措施。加强监管和执法能力建设，依法查处社会组织违法行为，坚决取缔非法社会组织。

（四）优化社会组织发展环境

完善政府向社会组织购买服务的具体措施和配套政策。研究制定加强社会组织人才队伍建设的政策，使社会组织领域的人才与其他领域的人才平等享有报酬、保险、福利待遇和发展条件。完善公益性捐赠税前扣除、非营利组织自身收入免税和境外基金会代表机构财税政策，扩大税收优惠范围。加大财政金融支持力度。加强建设基金会支持社会服务对接平台。继续推进中央财政支持社会组织参与社会服务项目，带动地方财政和社会资金投入社会服务。积极稳妥推进社会组织开展示范创建活动。编制社会组织中长期发展规划。

（五）加强社会组织自身建设

发挥社会组织在促进经济发展、参与社会治理、提供公共服务中的作用，使之成为推动经济社会发展的重要主体和力量。健全社会组织法人治理结构，坚持社会组织的非营利性，指导社会组织依法按照章程开展活动，独立承担法律责任。按照现代社会组织体制要求，完善法人治理结构和民主议事制度，落实民主选举制度，实行民主决策、民主管理，使社会组织成为权责明确、运转协调、制衡有效的法人主体。建立健全负责人管理、责任追究和资金管理制度，完善内部监督机制，实行法定代表人离任审计制度。加强诚信自律建设，规范服务行为，提高社会组织诚信度和公信力。做好社会组织党建工作。引导社会组织加强人才队伍建设，提高工作人员专业化、职业化水平。

三　乘势而上，确保改革任务落到实处

（一）提高思想认识

社会组织管理制度改革牵涉面广，难度很大。各级登记管理机关要深入学习领会十八届三中全会精神，统一思想，矢志笃行。要有全局意识，把改革社会组织管理制度、激发社会组织活力与全面

深化改革结合起来。要树立进取意识、机遇意识、责任意识，勇于负责，敢于担当。要形成科学的思维方式，在改革推进中，牢牢把握方向，突出重点，协调推进，成熟一件解决一件，不能“眉毛胡子一把抓”。要加强对社会组织管理制度改革的领导，加大人、财、物的投入，特别是要充实工作力量，加强执法、评估队伍建设，确保各项改革顺利推进。

（二）转变管理方式

四类社会组织直接登记后，对民政部门管理工作的要求提高了，民政部门的责任也更重了。要处理好改革中“放”和“管”的关系，一方面要放宽准入条件，减少审批，下放管理权限，让人民群众和经济社会发展需要的社会组织更好、更便捷地落地生根、茁壮成长；另一方面也要管住、管好，要改变重登记、轻管理的管理模式，在社会组织监督管理中，坚持做到不仅事前审查，而且事中、事后都要监督。管理中既要发挥登记管理机关的主导作用，又要发挥行业主管部门和综合职能部门对社会组织的监督管理职能和作用，发挥综合监管效能，还要畅通社会监督渠道，发挥行业组织的自律作用，实现政府管理和社会组织自我调节互联互动。既要坚持依法管理，加强法律保障，又要运用政策引导、道德约束等方式化解矛盾，解决问题。构筑法律监督、政府监督、社会监督、自我监督相结合的监督体系。

（三）加快信息化建设

登记管理机关要加强信息化建设，提高管理信息化水平，把推进信息化和履行管理职能、提高服务能力结合起来。建立全国社会组织登记管理机关信息平台，实现社会组织监管上下联动，左右互通，实现登记管理机关和行业主管单位（业务主管单位）等部门的信息共享和联合监管。要理顺信息化工作管理体制，形成全系统协同建设、整体推进的工作机制，逐步实现从部机关到基层登记管理机关的网络贯通，建立覆盖全国登记管理系统的信息化网络体系。依托全国社会组织法人单位信息资源库建设规划，加快建设“全国社会组织法人库”。积极推进政务公开，开展网上登记、网上年检、网上咨询、网上查询、网上投诉等业务。要打造社会组织信息公开平台，促进社会组织信息公开，为社会监督提供条件，提高社会组织公信力。

（四）加强舆论宣传

要重视宣传工作，把宣传工作纳入重要议事日程。加大宣传力度，充分利用报刊、电视、网络等多种媒体，广泛宣传社会组织在经济社会建设中的积极作用，加强对社会组织先进典型及地方改革经验的重点宣传，增进社会公众对社会组织的了解和认识，为社会组织的改革发展营造良好氛围。建立健全社会组织舆情监测和发布机制，及时回应社会关切。深入开展社会组织理论研究工作，加强专家队伍建设，为推进社会组织管理制度改革提供理论依据和智力支持。

律回春晖渐，万象始更新。2014 年是贯彻落实党的十八届三中全会精神、推进全面深化改革的第一年。我们要围绕中心，服务大局，应势而谋，攻坚克难，为深化社会组织管理制度改革、推进社会组织健康有序发展做出更大的贡献！

民政部副部长

顾朝曦

目 录

𝔹 Ⅰ 总报告

𝔹 Ⅱ 分报告

皮书数据库阅读使用指南

CONTENTS

𝔹 I General Report

𝔹 II Sub-Report

总 报 告

General Report

B.1
2012 年中国基金会发展报告

一 导言

《中国基金会发展报告》已经连续三年发布，报告以上一年度中国基金会全部年检数据为基础，旨在提供中国基金会领域客观翔实的数据及简洁的分析解读，让研究者从这里获取有效信息，使基金会领域内的从业者看到较为宏观的基金会发育格局，而社会公众也可以从中了解基金会各方面的情况。

1. 数据来源与方法

报告以 2012 年中国基金会年检数据为基础进行数据统计分析，该数据由民政部及地方民政部门提供。报告主要采用描述性统计分析的方法，少数地方使用了相关分析，数据分析的统计工具主要是 Stata 软件。本报告采取了全样本数据，即涵盖所有参加 2012 年年检的基金会，不存在着抽样误差等问题，能够准确地呈现中国基金会发展的整体现状。

报告中的数据全部来源于各基金会向其登记管理机关报送的2012年基金会年度工作报告，这些基金会年度工作报告最终将在中国基金会网（http：//chinafoundation. org. cn/）上呈现。由于登记管理机关使用的都是统一的年度检查报告格式，所以这些数据具备统计口径一致、系统全面、真实性和权威性强等特点。

2012年，在全国各级登记管理机关登记注册的基金会共有2961家。参加2012年年度检查的基金会共有2794家，未参检的基金会大多是停止活动拟注销或者是已注销的基金会，还有少数是无故不参检的基金会。若未加以特殊说明，所用的样本均为参加2012年年度检查的2794家基金会。该数据不包含在中国台湾、香港和澳门地区登记的基金会。

另外，本报告需要说明的是，当年基金会数 = 上一年基金会数 + 当年新成立基金会数 - 当年注销基金会数。所以，并不是每新成立一家基金会，基金会总数就一定会增加。除因不规范操作而依法注销的组织外，基金会还存在“历史遗留”问题，即2004年《基金会管理条例》颁布实施后，之前成立的所有基金会都需要进行登记换证工作，其中一些不换证的基金会或已经注销，或正在进行注销，或重新登记，加上每年都存在因运作不规范正在进行整改或注销的基金会，因此和企业数量一样，基金会的数量处在随时可能增减的动态变化中。同时，各地登记管理机关在上报及对外公布新成立基金会的过程中存在程序和时间上的差异。

因此，本报告没有采用实时统计基金会数量的方法，而是按年末统一的时间节点进行统计。总体来看，各地基金会的退出机制还需要进一步完善，每年真正撤销的基金会实际上并不多，甚至有一些基金会长期处于“待注销”的休眠状态。

目前，年检报告数据是反映中国基金会的实际状况的最有效资料，但这也并不能保证其在每一个细节上与真实情况完全一致。本报告在需特殊说明的地方都附注了数据来源及有效数据情况，力图更加真实、可靠、有效地呈现基金会的真实信息，尽可能通过客观、信息含量大的表格展现更多的数据，以供研究者参阅。

2. 章节安排

基金会年度发展报告的模式基本固定，每年会以较为统一的方式呈现基本数据，同时在此基础上结合当年的基金会发展现状和热点进行总结。

报告主要包括以下六个方面的内容。

第一部分：全国基金会数量状况。

该部分对 2012 年中国基金会数量状况进行呈现与分析。该部分分析了 2004 年至今历年基金会数量变化情况，并按类型（公募和非公募）、登记时间、登记地区（部门）三个维度对基金会的数量进行进一步的分析，同时对 2012 年新成立的基金会进行了情况汇总描述。

第二部分：全国基金会资产状况。

该部分主要关注基金会的原始基金和年末总资产状况。报告对这两个部分分别做了总体情况描述，并分别按类型（公募和非公募）、登记时间、登记地区（部门）进行分析。此外，对新成立基金会的情况进行了单独的描述。

第三部分：全国基金会收入状况。

该部分对 2012 年基金会收入情况进行汇总与分析，首先对基金会收入情况进行总体描述，接下来按类型（公募和非公募）、登记时间、登记地区（部门）等维度进行分析，最后对捐赠收入、政府补助收入、保值增值收入等收入来源进行了呈现与描述，让读者进一步看到基金会的收入结构。

第四部分：全国基金会支出状况。

该部分与收入状况呈现的内容类似，涉及总体情况描述、分类描述，并对不同类别的支出情况进行具体的分析，最后对2012年基金会资产、收入和支出之间的关系进行了进一步研究。

第五部分：全国基金会专职工作人员状况。

该部分对2012年中国基金会专职工作人员的状况进行了描述与分析，包括专职工作人员的总体状况，不同类型、规模和地区基金会专职工作人员的状况与特点，以及2012年新成立基金会专职工作人员情况等。

第六部分：2012年基金会发展趋势。

该部分主要呈现了2012年基金会的发展趋势，通过将2010年和2011年的基本情况与2012年的基本情况进行简要的对比，分析2012年基金会的主要变化趋势。

二　全国基金会数量状况

1. 基金会数量持续增长

截止到2012年底，在全国各级登记管理机关登记注册的基金会共2961家，其中，参加2012年年度检查的基金会共2794家，未参检的基金会往往是停止活动或者是拟（已）注销的基金会，还有少数是无故不参检的基金会。若未加特殊说明，所用的样本均为参加2012年年度检查的2794家基金会。

就整体情况来看，自2004年《基金会管理条例》（以下简称《条例》）出台以来，除2005年基金会年增长率为9.19%外，其他年份全国基金会增长率均维持在 16% 左右的水平。随着基金会基数逐渐增大，能保持这样的增长速度是基于新成立基金会绝对数量的增多。要维持这样的发展速度，不仅需要政策上的支持鼓励，也需要社会中有许多个人或组织愿意且有足够的资源投入公益领域成立基金会。从 2004 年至今的近 10 年的时间，无疑是中国基金会快速发展的 10 年，从数量到整体面貌上，中国基金会都有了巨大的变化。

2012 年基金会年增长率 15.89%，整体数量的增长量为 383 家，其中 365 家基金会是 2012 年新注册成立的基金会，还有 18 家基金会是 2011 年未参检而 2012 年参检的基金会①。

表 1　全国基金会数量增长趋势

单位：家，%

年份	公募	非公募	总数	增长量	同比增长
2003	—	—	954	—	—
2004	—	—	892	-62	-6.50
2005	721	253	974	82	9.19
2006	795	349	1144	170	17.45
2007	904	436	1340	196	17.13
2008	943	643	1586	246	18.36
2009	1029	800	1829	243	15.32
2010	1078	1065	2143	314	17.17
2011	1115	1296	2411	268	12.51
2012	1228	1566	2794	383	15.89

注：2010 年之前数据来源于中国社会组织网，2010 年之后数据来源于年检数据。不包括境外基金会代表机构。《条例》出台以前，没有公募基金会和非公募基金会之分，2004 年对之前的基金会进行换证登记，一些以个人或企业命名的基金会换证登记为公募基金会，有些基金会没有进行换证登记，故基金会数量减少。

① 有少量 2011 年底成立的基金会因没有参加 2012 年进行的年检，未计入统计。

2794 家基金会中，公募基金会有 1228 家，占总数的 43.95%，该比例比上一年度降低了 2.30 个百分点；非公募基金会有 1566 家，占总数量的 56.05.%。非公募基金会比公募基金会多 338 家，呈现比公募基金会更快速的增长势头。2011 年，非公募基金会第一次多于公募基金会，此后非公募基金会占据了越来越大的比重，两者的数量差距也逐年增大。

2012 年新成立的 365 家基金会中，非公募基金会达 270 家，占 73.97%，新成立的基金会还是以非公募为主。由图 1 可见，自 2004 年《条例》将基金会划分为公募基金会和非公募基金会以来，我国非公募基金会得到了飞速发展。有条件、有能力的个人、企业和单位，可以按照自己的意愿成立非公募基金会，极大地调动了各社会主体投身公益事业的热情；登记管理机关出台了一系列法规、政策和保障措施，鼓励非公募基金会健康发展。

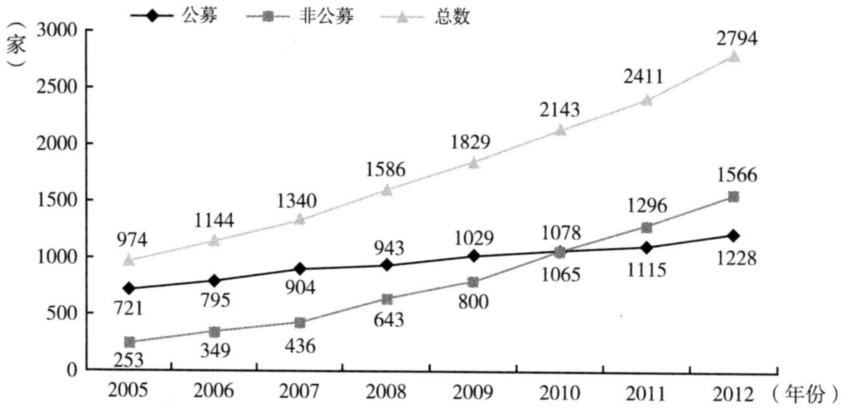

图 1　全国基金会数量增长情况

2012 年参检基金会的设立登记时间如图 2，可以看出，很少有基金会是 2004 年之前登记的，且在 2006 年之前，公募基金会每年登记数均多于非公募基金会，并且在 1992～1996 年达到一个登记数的

“小高峰”，虽然数量远不及现在的登记情况，但那 5 年是 2004 年之前登记数量最多的一个时期，1992～1996 年登记的基金会数量为 263 家，其中公募基金会 215 家，非公募基金会 48 家，这 5 年登记的数量占 2004 年及之前登记基金会总数的 44.50%。

2004 年之后，公募基金会增长又出现了一个明显的“高峰”，2005 年一年登记公募基金会数量达到 139 家，此后有所回落，从 2005 年至今，基本每年新登记的公募基金会数量为 100 家左右，增长速度稳定。

而非公募基金会则呈现完全不同的状况。2004 年之前，非公募基金会年增长量不足 10 家（2004 年《条例》出台后换证时登记为非公募基金会），登记最多的一年为 15 家。且这些登记的非公募基金会往往是具有政府背景或者是与政府关系密切的名人发起成立的基金会。2004 年之后，这个状况迅速改变。2004～2005 年，年增长量还不足 100 家，2006～2009 年增长量在 100～200 家，而到了 2010 年之后，每年新增的非公募基金会在 250 家以上，这个速度是十分惊人的。

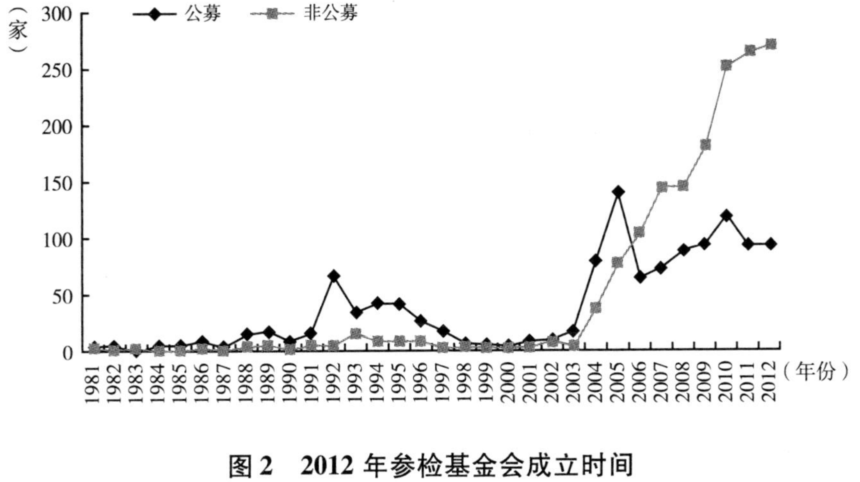

图 2　2012 年参检基金会成立时间

表2以2004年为分界线，汇总了2012年参检基金会的整体构成。

表2　2004年前后基金会成立情况对比

单位：家，%

时　间	公募基金会		非公募基金会		合　计	
	数量	比例	数量	比例	数量	比例
2004年及之前	459	37.38	132	8.43	591	21.15
2005～2012年	769	62.62	1434	91.57	2203	78.85
合　计	1228	100.00	1566	100.00	2794	100.00

自从1981年我国第一家基金会成立到2004年底，成立并在2004年换证登记的基金会共591家，约占目前全部基金会数量的1/5。其中公募基金会459家，占全部公募基金会的37.38%；非公募基金会132家，占全部非公募基金会的8.43%[①]。2005～2012年，成立并且现在仍然活动的基金会共2203家，约占全部基金会的4/5，也就是说大部分基金会都是2005年以后成立的。其中公募基金会769家，占全部公募基金会的62.62%；非公募基金会1434家，占全部非公募基金会的91.57%。这是2012年中国基金会的整体状况，大部分基金会的成立时间都不长，尤其是非公募基金会，很多成立时间不足5年，10年以上的基金会就属于比较“老”的，且以公募基金会为主。相较于西方国家，中国基金会真正的发展历史很短，处于发育初期，尚有很多需要完善之处。但是中国基金会发展迅速，具有活力，近5年的变化甚至可以用“天翻地覆”来形容。

① 2004年之前没有公募基金会与非公募基金会之分。《条例》出台后要求基金会重新换证登记，对原先的基金会进行了区分。

2. 全国基金会地区分布状况

中国基金会发展存在着地区上的差异。由表 3 可见，我国基金会数量排名前 5 位的地区（部门）为江苏省、浙江省、广东省、北京市和民政部[①]，这 5 个地方登记的基金会一共有 1302 家，占全国基金会总数近一半。基金会数量过百的地区还有福建省、湖南省和上海市。排名在后 5 位的是西藏、新疆生产建设兵团、青海、甘肃、新疆，基金会数量均在 30 家以下。

表 3　全国基金会地区分布情况（2012 年）

单位：家

地区/部门	公募	非公募	合计	地区/部门	公募	非公募	合计
江　苏	177	237	414	天　津	20	32	52
浙　江	122	140	262	安　徽	17	27	44
广　东	94	146	240	云　南	32	10	42
北　京	37	172	209	山　西	18	22	40
民政部	87	90	177	重　庆	23	17	40
福　建	22	116	138	河　北	11	27	38
湖　南	87	51	138	广　西	16	15	31
上　海	49	79	128	宁　夏	20	11	31
四　川	56	31	87	贵　州	27	1	28
内蒙古	35	42	77	江　西	14	14	28
山　东	33	41	74	海　南	11	16	27
辽　宁	43	25	68	新　疆	18	9	27
河　南	28	39	67	甘　肃	18	7	25
湖　北	20	43	63	青　海	10	6	16
陕　西	27	36	63	新疆生产建设兵团	1	2	3
吉　林	22	38	60	西　藏*	1	0	1
黑龙江	32	24	56	合　计	1228	1566	2794

注：* 西藏地区 2012 年参检基金会较往年少，属于特殊情况。

① 民政部登记的基金会住所地主要在北京，也有少数在其他省区市。

我国基金会数量与各地经济发展水平关系密切。多数基金会分布在东部地区①，中部次之，西部最少，且一般情况下，经济越发达的地区，基金会数量越多、规模越大。基金会数量超过百家的8个省份和部门中，只有湖南属于中部地区，其他均属东部地区。中部省份基金会数量在50～100家，西部省份基金会数量则大多在50家以下，以公募基金会为主，且大多数是《条例》颁布之前成立的。从表4进一步看出，东部地区有基金会1827家，占全国基金会的65.39%；中部地区有基金会496家，所占比例为17.75%；西部地区有基金会471家，所占比例为16.86%。相较于上一年度，整体格局变化不大，中部地区非公募基金会比例略有提高。

表4　全国基金会地区分布与占比（2012年）

单位：家，%

地区	公募基金会		非公募基金会		合　计	
	数量	比例	数量	比例	数量	比例
东部	706	57.49	1121	71.58	1827	65.39
中部	238	19.38	258	16.48	496	17.75
西部	284	23.13	187	11.94	471	16.86
合计	1228	100.00	1566	100.00	2794	100.00

由表3、表4可见，地区分布不均衡不仅体现在基金会数量上，还体现在基金会类型的分布上。在江苏、广东、北京、福建、上海等基金会数量较多的省份，非公募基金会均多于公募基金会。

① 中国区域划分标准：根据地域和经济发展水平，中国31个行政区域（除港澳台）分为东、中、西三个地区，东部地区包括北京、天津、河北、辽宁、上海、江苏、浙江、福建、山东、广东和海南11个省（市）；中部地区有8个省级行政区，分别是山西、吉林、黑龙江、安徽、江西、河南、湖北、湖南；西部地区有12个省级行政区，分别是四川、重庆、贵州、云南、西藏、陕西、甘肃、青海、宁夏、新疆、广西、内蒙古。而民政部登记的基金会地址多数在东部，故将其列入东部地区。

中部省份较为平衡，公募基金会和非公募基金会数量差距不大。西部地区如宁夏、新疆、西藏、青海、甘肃等省份，公募基金会数量均多于非公募基金会。这些地区的公募基金会多数带有一些官办背景，是政府相关部门发起设立的。

各地区基金会的类型也与当地具体的政策、社会的活跃程度、文化传统、经济实力等因素有一定的关系。同样基金会数量超过 100 家的几个地区（部门）中，大部分的地区（部门）都是为非公募基金会多于公募基金会（见图 3），还有一些地区（部门）两类基金会数量基本持平，只有湖南省公募基金会数量明显多于非公募基金会。其中浙江省和民政部均是 2011 年公募基金会多于非公募基金会，而在 2012 年，非公募基金会略多于公募基金会。可见，在设立登记时，整体上，包括相关政策和社会意愿，还是倾向于非公募基金会。

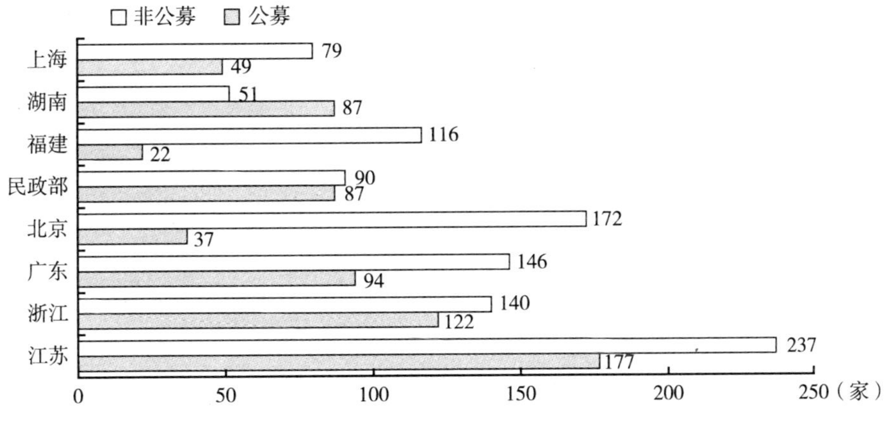

图 3　基金会数量在 100 家以上的省份（部门）的基金会类型分布

3. 2012 年新成立基金会数

2012 年全国新成立基金会 365 家，其中公募基金会 95 家，非公募基金会 270 家，二者比例约为 1∶3，和 2011 年情况类似。由表 5 可见，排名前 5 名的省份（部门）分别是浙江、江苏、北京、广东、民政部。在5个省份（部门）新成立的基金数量达161家之多，占总数的44.11%，这些省份（部门）本身也是基金会数量较多、经济较发达的地区。浙江省2011年是新增数量排名第二的省份，其2012年的基金会增长速度超过了2011年排名第一的江苏省。另外，2012年西藏地区没有新登记基金会。

表5　2012年全国新成立基金会情况

单位：家

地区/部门	公募	非公募	合计	地区/部门	公募	非公募	合计
浙　江	3	41	44	广　西	3	5	8
江　苏	17	22	39	河　北	3	5	8
北　京	1	32	33	贵　州	7	0	7
广　东	4	23	27	黑龙江	4	3	7
民政部	0	18	18	上　海	2	4	6
辽　宁	10	7	17	重　庆	1	5	6
福　建	1	13	14	甘　肃	2	3	5
安　徽	5	7	12	新　疆	2	3	5
河　南	1	11	12	宁　夏	1	3	4
湖　北	4	8	12	海　南	1	2	3
山　东	3	9	12	江　西	2	0	2
山　西	5	7	12	云　南	0	2	2
吉　林	1	10	11	青　海	0	1	1
湖　南	1	8	9	陕　西	1	0	1
内蒙古	4	5	9	兵　团	0	1	1
四　川	3	6	9	西　藏	0	0	0
天　津	3	6	9	合　计	95	270	365

三　全国基金会资产状况

1. 全国基金会原始基金数

（1）原始基金总量情况

原始基金数额是反映基金会规模大小的指标之一，它与基金会年末总资产、年末净资产等指标一起共同反映基金会的资产规模和发展状况。

2012 年我国基金会原始基金数额总量为 222.83 亿元，比 2011 年增长 21.74%。平均每家基金会原始基金数额为 798.09 万元，比 2011 年增长 5.08%。其中公募基金会原始基金总额为 105.24 亿元，占总额的 47.23%；非公募基金会原始基金总额为 117.59 亿元，占总额的 52.77%。

原始基金总额增长幅度很大，其增长率甚至超过了基金会数量的增长率。同时原始基金的平均规模也比上一年度扩大了 5% 左右，可见 2012 年新成立的基金会原始基金平均规模大于之前成立的基金会。

由表 6 可见，全国基金会原始基金数额在 0 ~ 400 万元（含 400 万元）[①] 之间的基金会占总数的 70.61%，即原始基金数额在 400 万元及以下的基金会是国内基金会的主体。《条例》规定地方性公募基金会原始基金数额不得低于 400 万元人民币、地方民政部门登记的非公募基金会原始基金数额不得低于 200 万元人民币。这是对基金会作为独立的法人的基本要求，半数以上的基金会都是以最低原始基金数额登记注册。其中原始基金恰好为 200 万元的非公募基金会一共有 920 家，占基金会总数的 32.93%，占非公募基金会的 58.75%；原始基金恰好为 400 万元的公募基金会一共有 675 家，占基金会总数的 24.16%，占公募基金会总数的 54.97%。

① 大部分基金会都满足“公募基金会原始基金最低为 400 万元，非公募基金会原始基金最低为 200 万元”的要求，极少部分在 2004 年之前登记的基金会原始基金低于 200 万元。《条例》出台以前成立的基金会原始基金数额若没有进行补齐，则可能达不到此规定标准。《条例》出台以后的基金会必须按规定的原始基金数额进行设立登记。

表6 全国基金会按原始基金数额分布情况（2012年）

原始基金数额（万元）	公募基金会		非公募基金会		合 计	
	数量(家)	比重(%)	数量(家)	比重(%)	数量(家)	比重(%)
[0,200]	25	2.04	927	59.20	952	34.07
(200,400]	705	57.41	316	20.18	1021	36.54
(400,600]	240	19.54	110	7.02	350	12.53
(600,1000]	138	11.24	66	4.21	204	7.30
(1000,2000]	53	4.32	77	4.92	130	4.65
(2000,10000]	54	4.40	60	3.83	114	4.08
>10000	11	0.90	10	0.64	21	0.75
缺失值	2	0.16	0	0.00	2	0.07
合 计	1228	100.00	1566	100.00	2794	100.00

原始基金数额在2000万~1亿元之间的基金会一共有114家，非公募基金会略多于公募基金会。原始基金数额在1亿元以上的基金会只有21家，仅占基金会总数的0.75%，其中公募基金会11家，比非公募基金会多1家。我国基金会原始基金数额普遍不高，多数是刚刚达到《条例》要求。不过，原始基金仅是基金会开展社会公益活动的基本底线，发展较好的基金会其资产、收入、支出可能是原始基金的几倍甚至数十倍，所以原始基金数额高的基金会其资产规模一般比较大，而资产规模大的基金会其原始基金并不一定多。

对比2004年前后不同类型基金会原始基金情况（见表7），我们可以看到：2004年之前成立的基金会中，公募基金会原始基金平均值较大，远大于非公募基金会原始基金平均值，前者为后者的两倍多；而2004年之后成立的基金会则相反，非公募基金会的原始基金平均值大于公募基金会原始基金平均值。2004年之前成立的公募基金会中很多具有一定的政府背景，且运作相对规范，有一定的募款优势，如各地的慈善会、儿童慈善类基金会等，所以平均原始基金额较高。而 2004 年之后成立的非公募基金会，尤其是近一两年来一些企业成立的非公募基金会原始基金数额较高，有一些在亿元以上，使非公募基金会平均原始基金数额增长。

表 7　2004 年前后成立的基金会原始基金

单位：家，万元

年份	公募			非公募			合计		
	数量	总额	平均值	数量	总额	平均值	数量	总额	平均值
1981～2004	457	564348	1234.90	132	80351	608.72	589	644699	1094.57
2005～2012	769	488049	634.65	1434	1095529	763.97	2203	1583578	718.83
合　计	1226	1052397	858.40	1566	1175880	750.88	2792	2228277	798.09

注：公募基金会存在 2 个缺失值。

给基金会出资做原始基金是一种社会捐赠，一旦确定出资并通过验资进入基金会账户，这部分资金的性质便发生了改变，不能收回，也不再是出资个人或者组织的资产，而是基金会的公益资产，其使用和管理需要遵循相关的政策法规及基金会章程。

登记管理机关在每年的基金会年检工作中，要求基金会的净资产要达到登记时的原始基金量，这是“基金会”这一法人主体的基本要求，是为了保障组织能够满足基本的资产要求开展公益项目。

由表 8 可见，我国原始基金数过亿元的基金会共有 39 家。其中，民政部登记的基金会有 19 家，占原始基金过亿元基金会总数的 48.72%；上海市和江苏省各 5 家，广东省 4 家，陕西省 3 家，福建省、浙江省和湖南省各 1 家。原始基金最多的基金会是中国残疾人福利基金会（公募），金额达到 5.06 亿元，另外在 2011 年和

2012 年陕西省和民政部各成立了 1 家原始基金达到 5 亿元的基金会，分别是陕西省神木县民生慈善基金会和中国海油海洋环境与生态保护公益基金会。2 亿元及以上的基金会共有 12 家。原始基金过亿元的主要有两种类型，一种是带有一定政府背景的基金会，这类基金会以公募为主，成立时间一般都比较早。少数新成立的往往是地方性公募基金会，一般是开展民生救助类活动。另一类是带有企业背景的基金会，这类基金会基本都是非公募基金会，且一般都是在近两三年成立的，资金较为雄厚，除了在民政部登记之外，还往往在东部较为发达的省份登记。

表 8　原始基金数额过亿元名单

单位：万元

序号	名　称	地区/部门	类型	成立时间	原始基金
1	中国残疾人福利基金会	民政部	公募	1984	50621
2	中国海油海洋环境与生态保护公益基金会	民政部	非公募	2012	50000
3	陕西省神木县民生慈善基金会	陕西省	非公募	2011	50000
4	上海市慈善基金会	上海市	公募	1994	46000
5	中国和平发展基金会	民政部	非公募	2011	30100
6	上海市拥军优属基金会	上海市	公募	1995	26000
7	江苏元林慈善基金会	江苏省	非公募	2012	25660
8	中国青年创业就业基金会	民政部	公募	2006	24000
9	泛海公益基金会	民政部	非公募	2010	20000
10	神华公益基金会	民政部	非公募	2010	20000
11	华民慈善基金会	民政部	非公募	2008	20000
12	紫金矿业慈善基金会	民政部	非公募	2012	20000
13	陕西省府谷县城乡居民大病医疗救助基金会	陕西省	非公募	2010	17600
14	广州市教育基金会	广东省	公募	1989	17378
15	苏州市党员关爱暨帮扶困难群众基金会	江苏省	公募	2012	16000
16	陕西省府谷县教育基金会	陕西省	非公募	2010	16000
17	上海市教育发展基金会	上海市	公募	1994	14400

续表

序号	名　　称	地区/部门	类型	成立时间	原始基金
18	广州市番禺区教育基金会	广东省	公募	1993	13040
19	广东省见义勇为基金会	广东省	公募	1993	12527
20	上海公安金盾基金会	上海市	公募	2010	11000
21	佛山市顺德区教育基金会	广东省	公募	1994	10653
22	南都公益基金会	民政部	非公募	2007	10000
23	安利公益基金会	民政部	非公募	2011	10000
24	国家电网公益基金会	民政部	非公募	2009	10000
25	中科院研究生教育基金会	民政部	非公募	2009	10000
26	慈济慈善事业基金会	民政部	非公募	2008	10000
27	中国移动慈善基金会	民政部	非公募	2009	10000
28	中远慈善基金会	民政部	非公募	2005	10000
29	天诺慈善基金会	民政部	非公募	2008	10000
30	桃源居公益事业发展基金会	民政部	非公募	2008	10000
31	智善公益基金会	民政部	非公募	2012	10000
32	刘彪慈善基金会	民政部	非公募	2012	10000
33	福建新华都慈善基金会	福建省	非公募	2009	10000
34	长沙市慈善基金会	湖南省	非公募	2011	10000
35	江苏海澜教育发展基金会	江苏省	非公募	2008	10000
36	昆山市党员关爱暨帮扶困难群众基金会	江苏省	公募	2012	10000
37	张家港市党员关爱暨帮扶困难群众基金会	江苏省	公募	2012	10000
38	上海工商界爱国建设特种基金会	上海市	非公募	1993	10000
39	宁波鄞州银行公益基金会	浙江省	非公募	2011	10000
	总　计				690979

这39家基金会的原始基金总额约为69.10亿元，占全国基金会原始基金总额的31.01%，其中公募基金会有13家，非公募基金会有26家。26家非公募基金会中有14家是2010年及之后成立的基金会，且这些基金会的登记地区不仅仅局限在民政部，还分布在东部各省市，说明非公募基金会不仅在数量上飞速发展，在资金规模上也不断突破。

(2) 原始基金地区分布情况

与基金会数量分布情况类似，基金会原始基金也有按地域分布的特点。由表9可见，原始基金数额总数排名在10亿元以上的省份和部门是民政部、江苏省、上海市、广东省、浙江省和陕西省，这一情况和上一年度一致。其中，民政部登记的基金会原始基金数额总量和均值都排名第一，这同样与《条例》的规定有关。在民政部登记注册的公募基金会原始基金至少在800万元，而非公募基金会原始基金至少在2000万元。事实上，近年来在民政部登记成立的非公募基金会，其原始基金一般都在5000万元以上，在整体上具有规模优势。

表9　全国基金会原始基金总额与平均值（2012年）

单位：万元

地区/部门	总额	平均值	公募总额	非公募总额
民政部	653717	3693.32	184031	469686
江　苏	304345	735.13	146104	158241
上　海	217170	1696.64	164570	52600
广　东	195056	812.73	147717	47339
浙　江	133338	508.92	55522	77816
陕　西	109706	1741.37	14768	94938
湖　南	78351	567.76	52965	25386
北　京	73823	353.22	18318	55505
福　建	62795	455.04	13160	49635
四　川	36101	414.95	27168	8933
山　东	29781	402.45	20025	9756
黑龙江	29217	521.73	17257	11960
内蒙古	28052	364.31	13900	14152
湖　北	27329	433.79	16005	11324
辽　宁	25645	377.13	19660	5985
吉　林	23112	385.20	10183	12929
河　南	21478	320.57	11743	9735

续表

地区/部门	总额	平均值	公募总额	非公募总额
云　南	19902	473.86	17602	2300
山　西	19083	489.31	9904	9179
天　津	18210	350.19	11210	7000
重　庆	16597	425.56	11471	5126
贵　州	13932	497.57	13732	200
宁　夏	13055	421.13	7155	5900
安　徽	12015	273.07	6615	5400
广　西	11489	370.61	7573	3916
河　北	11182	294.26	4500	6682
甘　肃	10590	423.60	8950	1640
新　疆	9220	341.48	6120	3100
海　南	9133	338.26	4136	4997
江　西	8323	297.25	5403	2920
青　海	5230	326.88	4030	1200
兵　团	800	266.67	400	400
西　藏	500	500.00	500	0
总　计	2228277	798.09	1052397	1175880

注：该表格数据来源于各地登记管理机关填报的基金会基本情况表，公募基金会存在 2 个缺失值。

与 2011 年相比，上海市基金会原始基金总额增长迅速，超过广东省，排名第三；另外浙江省基金会原始基金总额也增长了近 3 亿元，超过陕西省，排名第五。陕西省有一些特殊性，2011 年成立的陕西省神木县民生慈善基金会注册原始基金为 5 亿元，2010 年成立的陕西省府谷县城乡居民大病医疗救助基金会注册原始基金为 1.76 亿元，这两家基金会将陕西基金会的原始基金总额提升到 10 亿元以上。

如图 4 所示，基金会原始基金数额平均值超过 1000 万元的只有民政部、陕西省和上海市三个地区和部门。这三个地区和部门都拥有一些原始基金数额巨大的基金会，使得整个地区基金会原始基金平均额较大。江苏、广东、浙江、湖南、黑龙江这几个省份平均原始基金数额在 500 万~1000 万元之间。其余地区基金会原始基金规模都是在 500 万元以下。从全国来看，非公募基金会的原始基金总额比公募基金会多 12.35 亿元，但是从原始基金平均值来看，公募基金会高于非公募基金会。

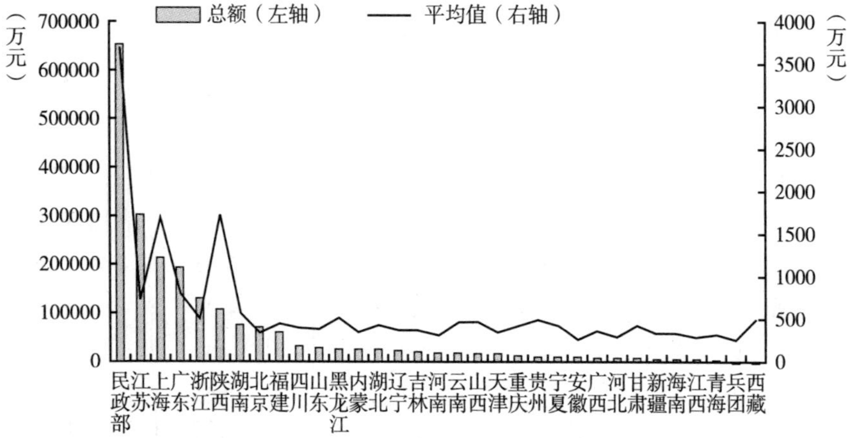

图 4　各省原始基金总额与平均值比较

注：存在 2 个缺失值。

（3）新成立基金会原始基金数

2012 年全国新成立基金会 365 家，其原始基金总额达到 35.19 亿元，平均每家新成立的基金会原始基金为 964.24 万元，比平均值多 166.15 万元，较上一年新成立基金会的原始基金增长 24.84%，可见新成立基金会原始基金整体规模不断扩大。在新成立的基金会中，公募基金会原始基金总额为 9.32 亿元，平均每家基金会为 981.24 万元；非公募基金会原始基金总额达 25.87 亿元，平均每家基金会为 958.26 万元。可以看出，公募基金会原始基金总额远少于非公募基金会，再一次印证了非公募基金会蓬勃发展的现状，不过两者的平均规模相当，公募基金会略大于非公募基金会。

表 10　新成立基金会原始基金情况

单位：万元

类型	总额	平均值
公募	93218	981.24
非公募	258729	958.26
合计	351947	964.24

由表 11 可见，2012 年新成立的基金会与以往的基金会相似，原始基金数额仍集中在 0～400 万元之间，所占比例达到 75.62%。原始基金数额在 2000 万元以上的基金会有 23 家，占 6.31%。相较于上一年度的情况（2011 年原始基金数额在 2000 万元以上的新基金会有 10 家），2012 年新成立的基金会中大额原始基金（2000 万元以上）组织的数量是 2011 年的两倍多。

表 11　2012 年新成立基金会原始基金分布

原始基金数额（万元）	公募基金会		非公募基金会		合　计	
	数量（家）	比例（%）	数量（家）	比例（%）	数量（家）	比例（%）
[0,200]	0	0.00	166	61.48	166	45.48
(200,400]	67	70.53	43	15.93	110	30.14
(400,600]	19	20.00	19	7.04	38	10.41
(600,1000]	2	2.11	9	3.33	11	3.01
(1000,2000]	0	0.00	17	6.30	17	4.66
(2000,10000]	6	6.32	13	4.81	19	5.21
>10000	1	1.05	3	1.11	4	1.10
合计	95	100.00	270	100.00	365	100.00

2. 全国基金会年末总资产

（1）基金会年末总资产情况

截止到2012年底，中国基金会资产总额为923.09亿元人民币，比上年增长17.61%，增速放缓（2011年增长率为29.91%）。其中公募基金会资产为481.02亿元，占总额的52.11%，非公募基金会资产为442.07亿元，占总额的47.89%。平均每家基金会年末总资产为3303.82万元，和上一年度基本持平，增长率为0.26%。每年新成立的基金会数量较多，且新成立的基金会的资产额度一般都较低，从而使基金会年末总资产均值整体提升幅度不高。相对于原始基金数，我国基金会年末总资产要高得多。2012年我国基金会年末总资产是原始基金数的4.14倍，和2011年情况相当。基金会年末总资产相较原始基金数的扩大倍数是判断基金会活跃程度的指标之一。

这些资产是通过企业、政府、个人及其他社会组织等进入到社会公益领域的重要资源。但不管来源于哪一类主体的捐赠，它们都进入了"公益"范畴中，不管以何种方式进行传递，它们的公益性质在传递过程中均不能发生改变。

基金会自身可以进行资产的保值增值运作，增值后的资产也必须属于基金会，保持其公益性质不变。所以，在合法、安全、有效的原则下各种资产运作方式都是合理的，甚至是值得鼓励的，因为如果不对公益资产做合理的保值工作，那么这部分资产有可能随着通货膨胀而贬值，虽然金额不变，但实质上"缩水"了。

由图5可见，在基金会年末总资产分布情况中，公募基金会资产在500万~1000万元的居多，一共有338家，占公募基金会总数的27.52%；资产在1000万~2000万元的基金会有275家，占公募基金会总数的22.39%；资产在500万元以下的基金会有255家，占公募基金会总数的 20.77%。资产在 1 亿元以上的公募基金会一共有 84 家，其中有 13 家基金会资产超过了 5 亿元，最多的为中华慈善总会，总资产为 30.83 亿元。

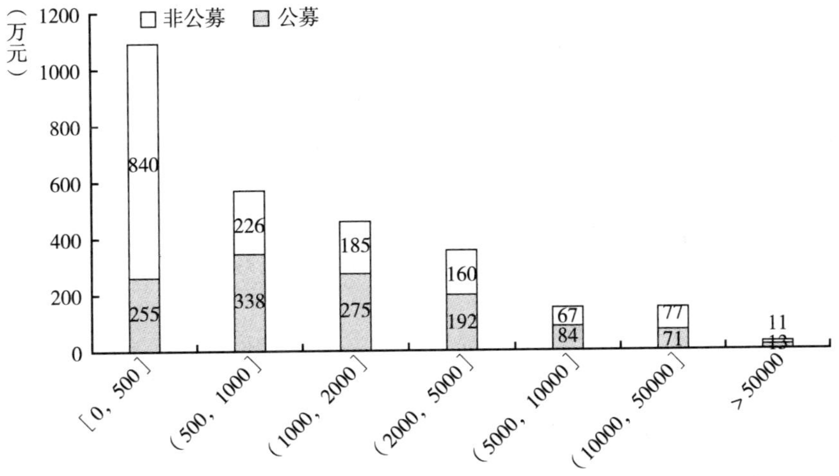

图 5　基金会年末总资产分布情况

相比之下，非公募基金会的资产规模较小，主要集中在 500 万元以下，这类基金会一共有 840 家，占非公募基金会总数的 53.64%。非公募基金会的分布规律是随着资产规模的增多，数量逐渐减少。但是，资产规模上亿元的非公募基金会数量也逐渐增多，超过了公募基金会，一共有 88 家。资产最多的为 2011 年成立的河仁慈善基金会，资产规模达到 26.21 亿元。1 亿元以上的非公募基金会是在近 3 年来才逐渐兴起的，越来越多的大企业或者企业家愿意把资金捐赠给基金会，且不再停留在过去的相对较小的规模。

由表 12 可见，2004 年及之前成立的基金会年末总资产虽然低于 2004 之后成立的基金会，但是前者的平均值却是后者平均值的 3 倍左右。一般来说，成立时间较早的基金会都有了一定的积累，其资产规模相对较大，尤其是除了流动资产之外，固定资产等其他资产类别也较多，新成立的基金会资产类别往往较为单一，以流动资产为主。目前只有少数基金会像河仁慈善基金会那样在成立之初就投入了大规模的资金，利用公益资金的增值运作收入来开展公益项目，更多的基金会还是通过社会捐赠的资金来开展项目活动。

表 12　2004 年前后成立基金会的资产状况

单位：家，万元

年份	公　募			非公募			合　计		
	数量	总额	平均值	数量	总额	平均值	数量	总额	平均值
1981～2004	459	3311926	7215.53	132	778692	5899.18	591	4090618	6921.52
2005～2012	769	1498225	1948.28	1434	3642041	2539.78	2203	5140266	2333.30
合　计	1228	4810151	3917.06	1566	4420733	2822.95	2794	9230884	3303.82

图 6 进一步细化了 2004 年前后公募、非公募基金会的资产平均值情况。在 2004 年及之前成立的基金会中，公募基金会平均资产大于非公募基金会平均资产；2004 年之后成立的基金会，情况则相反，非公募基金会平均资产比公募基金会略多一些。2004 年及之前成立的公募基金会平均资产规模最为庞大，达到 7000 万元以上；2004 年之后成立的公募基金会资产规模减少到 2000 万元以下。非公募基金会的情况和公募基金会类似，整体上 2004 年之后成立的基金会较 2004 年及之前成立的基金会资产规模小，只不过两者差异不如公募基金会显著。

从资产总额来看，2004 年之后成立的非公募基金会资产总额达到了 364.20 亿元，数量最大；2004 年及之前成立的公募基金会资产总额次之，达到了 331.19 亿元；2004 年及之前成立的非公募

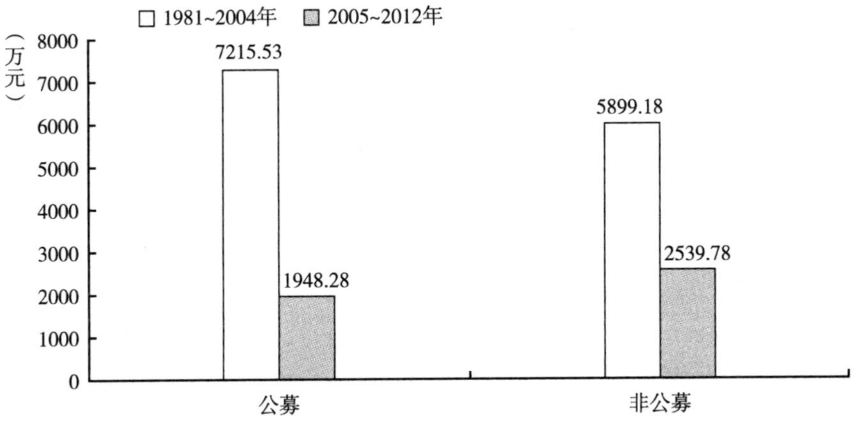

图 6　2004 年前后成立基金会的资产状况平均值对比

基金会资产总额最少，仅为 77.87 亿元，占全部基金会资产总额的 8.44%。

表 13 是 2012 年末总资产过 5 亿元的基金会名单，该类基金会一共有 24 家，较上一年度增加了 2 家，其中中国海油海洋环境与生态保护公益基金会是 2012 年新成立的基金会。上海民生艺术基金会和中国光华科技基金会是之前成立的基金会，在 2012 年资产超过了 5 亿元。这 24 家基金会的年末总资产之和达到了 301.26 亿元，占当年全部基金会年末总资产的 32.64%。可见，和企业领域类似，基金会领域内很多资产也是集中在少部分“航空母舰”型的基金会之中。

表 13　2012 年末总资产达 5 亿元以上基金会名单

单位：万元

	名　　称	地区/部门	类型	成立时间	年末总资产
1	中华慈善总会	民政部	公募	1994	308286.10
2	河南省宋庆龄基金会	河南	公募	1992	287187.80
3	河仁慈善基金会	民政部	非公募	2010	262051.80

续表

	名　　称	地区/部门	类型	成立时间	年末总资产
4	清华大学教育基金会	民政部	非公募	1994	240048.50
5	陕西省神木县民生慈善基金会	陕西	非公募	2011	198665.80
6	上海市慈善基金会	上海	公募	1994	188479.80
7	北京大学教育基金会	民政部	非公募	1995	168925.60
8	中国扶贫基金会	民政部	公募	1989	156707.50
9	中国教育发展基金会	民政部	公募	2003	117852.30
10	浙江大学教育基金会	民政部	非公募	2006	97434.15
11	神华公益基金会	民政部	非公募	2010	91191.00
12	老牛基金会	内蒙古	非公募	2007	88996.87
13	上海市大学生科技创业基金会	上海	公募	2006	83478.56
14	上海民生艺术基金会	上海	非公募	2010	80649.08
15	中国残疾人福利基金会	民政部	公募	1984	78701.43
16	中华全国体育基金会	民政部	公募	1994	78582.29
17	南京大学教育发展基金会	江苏	非公募	2005	77788.27
18	上海交通大学教育发展基金会	上海	非公募	2005	71408.48
19	上海市拥军优属基金会	上海	公募	1995	61794.66
20	中国青少年发展基金会	民政部	公募	1989	61763.73
21	中国光华科技基金会	民政部	公募	1993	56676.24
22	中国红十字基金会	民政部	公募	1994	55646.78
23	中国海油海洋环境与生态保护公益基金会	民政部	非公募	2012	50225.09
24	上海宋庆龄基金会	上海	公募	1993	50087.75
	合　计				3012629.58

在名单中，登记管理机关为民政部的基金会有 14 家，占 58.33%。同原始基金数过亿元的基金会中民政部登记的基金会占多数的原因一样，民政部登记的基金会原始基金数门槛较高，故而这些基金会资产雄厚，相应的年末总资产也高。在民政部之外，上海地区 5 亿元以上的基金会也比较多，一共有 6 家。在这些年末总资产超过 5 亿元的基金会中，公募基金会有 13 家，略多于非公募

基金会。其中公募基金会中资产规模较大的主要是全国性大型公募基金会、各地的慈善会、扶贫救济类基金会，非公募基金会资产规模较大的主要是高校成立的基金会和企业基金会。从领域上看，除了基础慈善领域，名单中也已经有文化、体育、环保等类型的基金会，大规模基金会的类型逐渐增多。

（2）基金会年末总资产地区（部门）分布情况

由表 14 可见，我国基金会年末总资产排名首位的是民政部登记的基金会，总数达 306.53 亿元，平均值为 1.73 亿元，两项指标均远远超过地方各省区市登记的基金会。基金会年末总资产超过 100 亿元的还有江苏省和上海市，其中上海市基金会的平均资产规模达到了 8006.34 万元，是除了民政部之外，基金会平均资产规模最大的地区，此外陕西省基金会的平均资产规模也比较大，超过了 5000 万元，原因是陕西省有 2 家资产较大的基金会，使得其整体平均值变大。基金会年末总资产没有突破亿元的有青海省、西藏自治区和新疆生产建设兵团，均属于西部地区。

表 14　全国基金会年末总资产

单位：万元

地区/部门	总额	平均值	公募	非公募
民政部	3065300.16	17318.08	1526958.75	1538341.41
江　苏	1227715.76	2965.50	423780.13	803935.63
上　海	1024811.78	8006.34	644369.11	380442.67
广　东	588512.40	2452.14	417680.54	170831.86
浙　江	375977.60	1435.03	223347.96	152629.64
河　南	348882.60	5207.20	327458.32	21424.28
北　京	338298.90	1618.66	74234.88	264064.02
陕　西	335069.60	5318.57	53580.99	281488.61
福　建	299610.14	2171.09	99430.65	200179.49

续表

地区/部门	总额	平均值	公募	非公募
湖　南	190753.67	1382.27	140722.76	50030.91
内蒙古	169226.29	2197.74	60238.64	108987.65
四　川	169147.92	1944.23	136914.29	32233.63
山　东	129928.09	1755.79	87018.62	42909.47
天　津	123769.93	2380.19	75343.12	48426.81
湖　北	106139.12	1684.75	46430.54	59708.58
山　西	96827.68	2420.69	24155.39	72672.29
安　徽	75057.44	1705.85	52537.07	22520.37
辽　宁	74334.88	1093.16	60815.59	13519.29
黑龙江	73317.33	1309.24	48759.36	24557.97
重　庆	63610.64	1590.27	42843.37	20767.27
云　南	60266.22	1434.91	52519.81	7746.41
吉　林	48679.29	811.32	24216.06	24463.23
江　西	46139.86	1647.85	20751.95	25387.91
广　西	44271.78	1428.12	33131.42	11140.36
贵　州	36279.66	1295.70	35966.89	312.77
河　北	30534.40	803.54	15399.20	15135.20
海　南	23674.39	876.83	9447.58	14226.81
宁　夏	20749.07	669.32	17775.50	2973.57
新　疆	19785.93	732.81	15651.66	4134.27
甘　肃	14287.70	571.51	11441.90	2845.80
青　海	8656.61	541.04	6915.67	1740.94
新疆生产建设兵团	1255.71	418.57	301.15	954.56
西　藏	12.00	12.00	12.00	0.00
合　计	9230884.55	3303.82	4810150.85	4420733.70

与原始基金数不同，全国公募基金会年末总资产要远高于非公募基金会年末总资产，相差100多亿元。这可能与一些大型的全国性公募基金会有关，这些公募基金会成立时间相对较长，资金经过积淀，规模较大，有的还接受财政支持和政府补贴，因而总资产较高；此外，还与公募基金会和非公募基金会公益支出比例的计算方法有关。

（3）新成立基金会资产情况

2012 年新成立的 365 家基金会共拥有 43.39 亿元的资产，平均每家基金会资产数额为 1188.65 万元，低于全国平均水平。其中公募基金会平均值为 1606.42 万元，非公募基金会平均值为 1041.66 万元（见表 15）。一般新成立的基金会刚刚起步，资产规模不大，主要资产为流动资产，固定资产、受托代理资产等形式的资产较少或者没有。

表 15　2012 年新成立基金会资产情况

单位：万元

类型	总数	平均数
公募	152609.52	1606.42
非公募	281246.85	1041.66
合　计	433856.52	1188.65

由表 16 可见，大部分新成立的基金会资产在 500 万元及以下，这个比例占到当年成立数的 67.40%，有近 13.70% 新成立基金会的资产规模在 500 万～1000 万元之间。只有 9 家新成立的基金会资产达到了 1 亿元以上，其中陕西省神木县民生慈善基金会资产达到了 12.27 亿元。此外，非公募基金会资产更多集中在 500 万元及以下，公募基金会也是同样的规律。

表 16　2012 年新成立基金会年末总资产

资产分布（万元）	公募		非公募		合计	
	数量（家）	比例（%）	数量（家）	比例（%）	数量（家）	比例（%）
[0,500]	49	51.58	197	72.96	246	67.40
(500,1000]	19	20.00	31	11.48	50	13.70
(1000,2000]	11	11.58	18	6.67	29	7.95

续表

资产分布（万元）	公募		非公募		合计	
	数量（家）	比例（%）	数量（家）	比例（%）	数量（家）	比例（%）
(2000,5000]	7	7.37	13	4.81	20	5.48
(5000,10000]	4	4.21	6	2.22	10	2.74
(10000,50000]	5	5.26	4	1.48	9	2.47
>50000	0	0.00	1	0.37	1	0.27
合　计	95	100.00	270	100.00	365	100.00

一般情况下，资产越多，基金会当年的公益支出也会越多。对于非公募基金会，《条例》要求“每年用于从事章程规定的公益事业支出，不得低于上一年基金余额的8%”；对于公募基金会，《条例》要求“每年用于从事章程规定的公益事业支出，不得低于上一年总收入的70%”。所以极少数处于“半休眠”状态的公募基金会，基本没有收入，虽然资产规模较大，但每年不需要进行大额的支出，最终造成一些资产规模庞大的基金会每年支出与其资产规模并不匹配的格局。

相反，有一些基金会，每年虽然没有存留下来额度很大的资产，但其年收入和支出金额都与资产金额相当，甚至有每年收支规模比年末总资产还要多的情况发生，这类基金会充满了活力，且具备较大的发展潜力。还有一些基金会，在成立之初因为成立者个人或企业捐赠而拥有了大额资产，基金会每年通过对这些资产增值运作获得收益来开展公益项目。这类基金会与那些“每年收支与资产相当”的基金会呈现的资产格局完全不同，但同样充满活力。

所以，在评价一家基金会时，不能仅仅观察资产或收支的指标，还要整体性地关注基金会运作的各个方面，进而分析其运作是否合理。

3. 全国基金会年末净资产

基金会的年末净资产是衡量基金会资产状况的另一个重要指标，基金会年末净资产是指基金会年末总资产减去负债后的余额。其中受资产提供者或者国家有关法律、行政法规所设置的时间限制或（和）用途限制形成的净资产为限定性净资产，除此之外的则是非限定性净资产。很多基金会的年末净资产和年末总资产相等或者差距很小，少部分基金会由于有负债，两者差异较大。

截止到 2012 年底，中国基金会净资产总额为 868.67 亿元，占总资产的 94.10%，可见基金会大部分资产为净资产，基金会整体的负债情况并不多。其中公募基金会净资产为 450.45 亿元，占总额的 51.86%；非公募基金会净资产为 418.22 亿元，占总额的 48.14%。平均每家基金会年末净资产为 3109.07 万元。

表 17 是全国基金会年末净资产的地区（部门）分布情况，与总资产分布类似。民政部登记的基金会净资产远多于各省份登记的基金会净资产，为 290.45 亿元。其次是江苏和上海，江苏省基金会净资产总额达到了 117.45 亿元，上海基金会净资产总额也接近 100 亿元。从平均值来看，也是民政部登记的基金会平均净资产规模最大，接下来是上海、陕西、河南。很多地区基金会的平均净资产都在 1000 万 ~ 2000 万元之间。大部分省份净资产都达到总资产的 90% 以上，很多甚至是 95% 以上，其中山西、甘肃、河北、天津和福建的基金会净资产占总资产的比例较低。

表 17　2012 年基金会年末净资产地区（部门）分布

单位：万元

地区/部门	净资产总额	平均值	净资产占总资产比例(%)	地区/部门	净资产总额	平均值	净资产占总资产比例(%)
民政部	2904532.83	16409.79	94.76	黑龙江	70352.35	1256.29	95.96
江　苏	1174454.66	2836.85	95.66	重　庆	61189.11	1529.73	96.19
上　海	935906.05	7311.77	91.32	云　南	57741.68	1374.80	95.81
广　东	551433.60	2297.64	93.70	吉　林	47714.44	795.24	98.02
浙　江	355678.62	1357.55	94.60	山　西	47662.65	1191.57	49.22
河　南	344291.49	5138.68	98.68	江　西	45734.03	1633.36	99.12
陕　西	333537.50	5294.25	99.54	广　西	43348.27	1398.33	97.91
北　京	321337.08	1537.50	94.99	贵　州	35839.42	1279.98	98.79
福　建	253659.46	1838.11	84.66	河　北	25811.88	679.26	84.53
湖　南	181222.70	1313.21	95.00	海　南	23068.69	854.40	97.44
四　川	165047.79	1897.10	97.58	新　疆	19519.88	722.96	98.66
内蒙古	164892.88	2141.47	97.44	宁　夏	19374.45	624.98	93.38
山　东	124716.64	1685.36	95.99	甘　肃	13644.56	545.78	68.96
天　津	105636.54	2031.47	85.35	青　海	8656.61	541.04	100.00
湖　北	104453.62	1657.99	98.41	新疆生产建设兵团	1215.50	405.17	96.80
安　徽	72693.59	1652.13	96.85	西　藏	12.00	12.00	100.00
辽　宁	72363.63	1064.17	97.35	合　计	8686744.20	3109.07	94.11

四　全国基金会收入情况

1. 2012 年全国基金会收入总额

2012 年全国基金会收入总额①为436.42 亿元，同比下降

① 基金会收入包含捐赠收入、提供服务和商品销售收入、政府补助收入、投资收益、其他收入等，其中捐赠收入在基金会收入中占比最大。

2.39%，其中公募基金会总收入为 271.87 亿元，非公募基金会总收入为 164.56 亿元。平均每家基金会年收入约 1562.00 万元，同比下降 16.47%。下降的主要原因可能是 2011 年有原始基金数额较大的基金会成立，如河仁慈善基金会等，该部分金额计入当年收入，所以 2011 年全国基金会总收入较前后年份都高一些。

由图 7 可见，很大一部分基金会的收入并不高，主要集中在 500 万元以内（1900 家），收入在 100 万元及以内的基金会甚至达到 1020 家，占总数的 36.51%，其中非公募基金会 652 家，公募基金会 368 家。年收入在 1 亿元以上的基金会较少，共有 69 家，其中公募基金会 35 家，非公募基金会 34 家，其规律与年末净资产分布规律类似，这些基金会主要是全国性公募基金会、高校发起设立的基金会以及一些大企业捐资设立的基金会等。

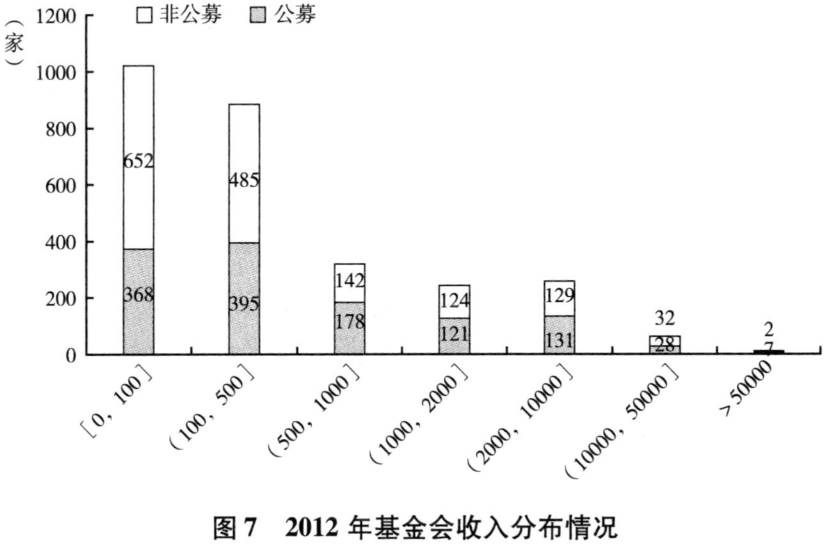

图 7　2012 年基金会收入分布情况

其中，公募基金会收入总额约为 271.87 亿元，占全国总额的 62.29%（见图 8），与 2011 年的 55.64% 相比，该比例进一步提高。非公募基金会收入总额约为164.56亿元，平均每家非公募基金会收入为1050.80万元，不到公募基金会平均收入的一半（2012年平均每家公募基金会收入为2213.91万元）。整体上，公募基金会的收入总额和平均值都要大于非公募基金会。可见，虽然非公募基金会数量上超过了公募基金会，但公募基金会的收入仍占了半数以上的额度。公募基金会具有公开募集资金的资格，而且成立时间普遍较长，规模较大，具有更广泛的资源来源，部分基金会还有政府的财政补助支持以及在特殊时期为某一事件集中募捐，因而无论在资金的基数和收入的额度上都具有一定优势。

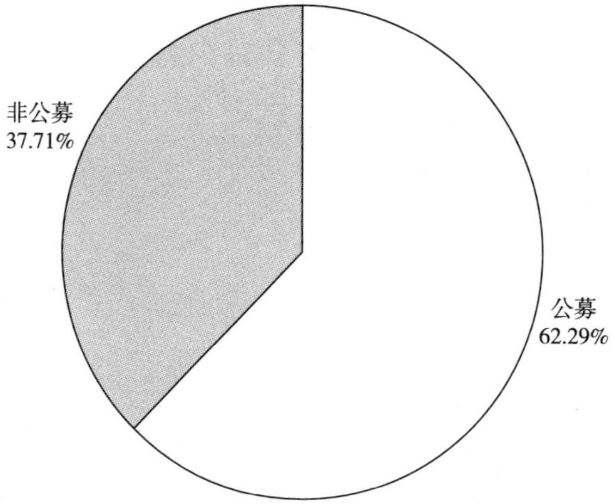

图8　2012年公募与非公募基金会收入总额比例

这里将基金会进一步按照成立时间段进行分类，可以看出其区别。由表18可见，整体上，2004年之前成立的基金会收入较高，平均值达到3885.67万元，是2004年之后成立的基金会的4.14倍，与2011年的2.83倍相比，公募基金会与非公募基金会差距进一步扩大。差距如此之大的原因之一是一些成立时间不久的基金会，一开始较难募集到大规模的社会捐赠。而非公募基金会整体上来看成立时间较短。

表 18　2004 年前后成立的基金会收入

单位：家，万元

年份	公募			非公募			合计		
	数量	总额	平均值	数量	总额	平均值	数量	总额	平均值
1981～2004	459	2044288.69	4453.79	132	252141.91	1910.17	591	2296430.38	3885.67
2005～2012	769	674398.54	876.98	1434	1393410.49	971.69	2203	2067808.94	938.63
合　计	1228	2718687.23	2213.91	1566	1645552.40	1050.80	2794	4364239.32	1562.00

其中 2004 年之前成立的公募基金会虽然数量不多，但平均收入“遥遥领先”于其他类型基金会，达到了 4453.79 万元，远高于 2004 年之后成立的公募基金会的该值（876.98 万元），前者是后者的 5 倍。非公募基金会的这种差距相对较小，2004 年之前成立的非公募基金会收入金额是 2004 年之后成立基金会收入金额的 2 倍左右。

民政部登记的基金会总收入约为 210.00 亿元，占全国基金会总收入的 48.12%。由图 9 可见，除民政部登记的基金会外，基金会的收入总额超过 10 亿元的省份依次为江苏省（约 50.77 亿元）、上海市（约 26.05 亿元）、北京市（约 18.60 亿元）、广东省（约 18.02 亿元）、浙江省（约 12.19 亿元）、陕西省（约 11.10 亿元）、福建省（11.06 亿元，为 2012 年新增的年收入超过 10 亿元的省份）。东部省份基金会收入较多，中西部省份基金会收入相对较少，与基金会数量分布的规律类似。总的来说，各地基金会收入情况持续增长，无论从资金数额还是分布状况来看，都进入了相对稳定的阶段。

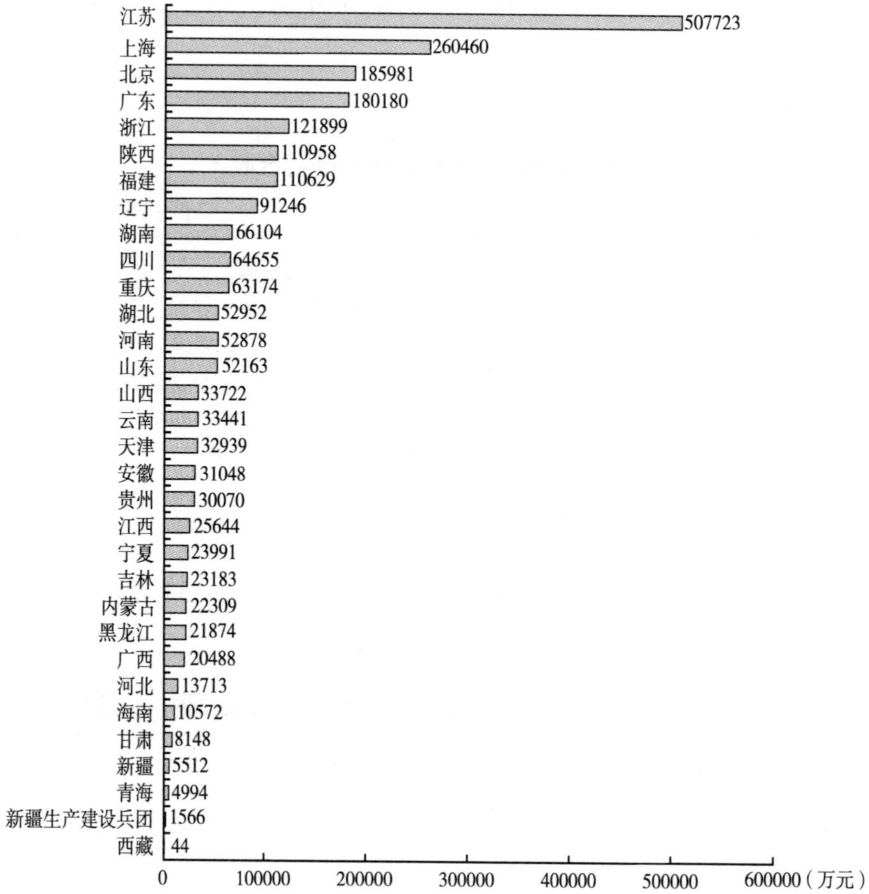

图 9　2012 年全国各地基金会总收入分布

注：除民政部登记的基金会外，各省（区市）登记的基金会总收入约占全国基金会收入总额的 52%，由于民政部注册登记的基金会收入金额较大，影响分布图的呈现，故单独说明。

由表 19 可见，收入总额前 10 位的基金会中有 7 家基金会是在民政部登记注册的，包括慈善总会、高校教育基金会及其他专项领域的基金会，另 3 家分别是陕西省、上海市和辽宁省的基金会。这 10 家基金会的收入总和占到了全部基金会总收入的 33.45%，较 2011 年有所下降，但这个比例仍不低。所以，在基金会领域，社会资源的分配和企业领域也有相似之处，即少部分的基金会掌握了大部分的社会捐赠。

表 19　2012 年收入总额前 10 位的基金会

单位：万元

排序	基金会名称	收入总额
1	中华慈善总会*	745911.54
2	中国癌症基金会	143753.85
3	中国教育发展基金会	114699.15
4	清华大学教育基金会	91366.52
5	陕西省神木县民生慈善基金会	72170.50
6	上海市慈善基金会	69096.41
7	中国博士后科学基金会	66977.39
8	中国光华科技基金会	62807.00
9	辽宁省妇女儿童基金会	50186.05
10	北京大学教育基金会	42895.47
	总　额	1459863.88

注：一些纳入基金会管理的慈善会或者一些特殊的基金会等还有少量的会费收入，本报告的数据统计未将会费收入纳入其中。

2. 2012 年全国基金会各类收入情况

基金会的收入主要包括捐赠收入、提供服务和商品销售收入[①]、政府补助收入、投资收益和其他收入，其中捐赠收入是主要收入来源。从 2012 年的数据来看，基金会的绝大多数收入来自捐赠收入，比例约为 86.17%，其他各项收入总额仅为 13.83%，且大部分基金会很少或没有除捐赠收入外的其他收入。与 2011 年相比，投资收益所占比例由 1.79% 增加到 3.39%，说明基金会的保

① 基金会提供服务和商品销售收入均较少，本次统计将这两类收入一并统计，没有将银行存款利息收入计入投资收入。

值增值工作逐渐受到重视，投资收益所占基金会收入比重在提升，但这一比例仍然不高。

由图 10 可见，在 2012 年国内基金会的收入格局中，捐赠收入占据绝对主导的地位。这样的格局是比较符合基金会这一公益法人主体特征的，基金会依靠公益项目这样的产品来获得社会捐赠，主要依靠捐赠来进行项目运作。

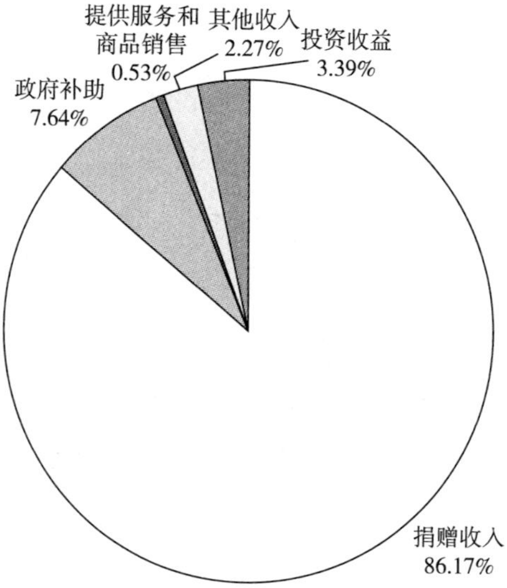

图 10　2012 年基金会各类收入总额比例分布

具体到一家基金会来说，其收入完全可以全部来自捐赠。因为基金会作为公益组织，其主要业务就是设计、运作公益项目，以项目为核心进行社会化筹款，可以完全依靠捐赠收入就做得很出色。但对于整个行业来说，基金会的成熟和健康发展实质上需要更为多元的收入格局，这与现实格局不符：在提供服务和商品销售、政府补助、投资收益三类收入中，每种收入都有 2000 家左右甚至 90% 的基金会不存在该类别的收入（见表 20）。从这个意义上说，我们鼓励基金会多“开源”，如获得合理的投资收益，争取政府购买服务的资金等。

表 20　基金会各类收入情况

单位：万元，%

收入类型	金额	占总额比例	平均数	备注
捐赠收入	3760687.44	86.17	1345.99	557 家为 0
提供服务和商品销售	22937.29	0.53	8.21	2702 家为 0
政府补助	333332.74	7.64	119.30	2314 家为 0
投资收益	148069.28	3.39	52.99	2088 家为 0
其他收入	99212.98	2.27	35.51	531 家为 0
总收入	4364239.73	100.00	1562.00	143 家为 0

下面对基金会最主要的三大类收入进行分析。

（1）基金会捐赠收入

2012 年全国基金会捐赠收入总额为 376.07 亿元，平均每家基金会获得的捐赠收入为 1345.99 万元。其中公募基金会捐赠收入总额为 228.45 亿元，平均值为 1860.37 亿元，占捐赠收入总额的 60.75%；非公募基金会捐赠收入总额为 147.62 亿元，平均值为 942.63 万元，占捐赠收入总额的 39.25%。

2012 年基金会中捐赠收入最高的是中华慈善总会，金额约达 74.46 亿元，占该基金会当年总收入的 99.82%。捐赠收入排名前 10 位的基金会中，民政部登记的有 7 家，10 家基金会捐赠收入之和约为 129.02 亿元，占全国基金会捐赠收入总额的 34.31%（见表 21）。2012 年无捐赠收入的基金会有 560 家。对于极少数的基金会来说，除捐赠收入外，其他收入也可能占主导，这与国内基金会行业发展不成熟的现状相关，也与基金会关注的领域有关，一些“雪中送炭”的领域，如儿童救助、扶贫等更容易获得公众关注，而文化艺术类或者研究类的基金会在筹款上可能相对困难。

除了慈善会这类大型公募基金会之外，捐赠收入较多的还有大学教育基金会，排名前10位的基金会中有3家是大学教育基金会，其中如清华大学教育基金会2012年的捐赠收入就高达约8.03亿元。大学教育基金会的捐赠收入与其校友捐赠有关，也与学校在社会中的影响力以及基金会自身的运作能力有关。

表21　2012年捐赠收入总额前10位的基金会

单位：万元

排序	基金会名称	收入总额
1	中华慈善总会	744561.74
2	中国癌症基金会	141524.27
3	清华大学教育基金会	80281.98
4	中国光华科技基金会	62267.32
5	上海市慈善基金会	60404.48
6	辽宁省妇女儿童基金会	50163.00
7	陕西省神木县民生慈善基金会	41291.00
8	北京大学教育基金会	38352.32
9	中国儿童少年基金会	37049.25
10	北京航空航天大学教育基金会	34259.11
	合　计	1290154.47

从各省份（部门）基金会的不同情况来看，捐赠收入占全部收入的比例最高能够达到97%以上。其中河南、辽宁、青海三省和新疆生产建设兵团的捐赠收入比例均在95%以上，情况良好。捐赠收入金额最多的省份为江苏，达44.80亿元，比排名第二的上海高出约25.14亿元（见表22）。捐赠收入排名前10位的省份（部门）均在5亿元以上，总和约达到321.23亿元，占全国捐赠收入总额的85.42%，说明全国基金会捐赠收入在各省份间分布不均，东部地区要远远高于中部和西部地区。

（2）政府补助收入

政府补助收入总额为33.33亿元，同比增长16.50%，该部分

表 22　2012 年民政部与排名前 10 位省份的捐赠收入

单位：万元

排　序	地区/部门	捐赠收入
—	民政部	1832661. 1
1	江　苏	448047. 9
2	上　海	196602. 7
3	北　京	168259. 7
4	广　东	147957. 2
5	浙　江	104922. 9
6	福　建	97449. 8
7	辽　宁	88696. 3
8	陕　西	72934. 3
9	四　川	54791. 5
10	河　南	50818. 4
	合　计	3263141. 8

收入约占基金会总收入 7. 64%，平均每家基金会获得的政府补助收入为 119. 30 万元。其中公募基金会政府补助收入总额为 28. 53 亿元，占政府补助总额的 85. 60%，平均每家公募基金会获得政府补助为 232. 36 万元；非公募基金会捐赠收入总额为 4. 80 亿元，平均值为 30. 64 万元。整体上，虽然与上一年度相比，基金会的政府补助收入有了较大幅度的增长，但总额并不高，且这部分资金主要集中在少数几家基金会中。

2012 年获得政府补助的基金会共计 471 家，数量同比增加 25. 27%，大多数为公募基金会，通常表现为政府拨款或政府购买服务的形式。获得 100 万元及以上政府补助的基金会有 200 家，1 亿元及以上的有 7 家，最高的是中国教育发展基金会，为 8. 28 亿元（见表 23），与 2011 年相同。

甘肃省、湖南省、吉林省、内蒙古自治区、陕西省、上海市、

表 23　2012 年政府补助收入前 10 位的基金会

单位：万元

排序	基金会名称	政府补助
1	中国教育发展基金会	82800.0
2	中国博士后科学基金会	65960.0
3	陕西省神木县民生慈善基金会	30000.0
4	上海市大学生科技创业基金会	11823.5
5	上海文化发展基金会	11359.0
6	中国法律援助基金会	10000.0
7	昆山市党员关爱暨帮扶困难群众基金会	10000.0
8	张家港市党员关爱暨帮扶困难群众基金会	10000.0
9	中国红十字基金会	8856.6
10	重庆大学教育基金会	8012.6
	合　计	248811.7

新疆维吾尔自治区及重庆市的基金会政府补助收入占总收入的平均比例均在 10% 以上，政府补助收入占总收入的平均比例最高的为陕西省，达 27.69%。多数省份分布在 0 ~5% 之间，其中江西省和西藏自治区的基金会政府补助收入占总收入 1% 以下。除了民政部登记的基金会之外，2012 年基金会政府补助排名前列的省份主要是上海、陕西和江苏（见表 24）。陕西省排名靠前主要是由于陕西省神木县民生慈善基金会接受了政府补助 3 亿元，属于特殊值影响。

表 24　2012 年民政部与排名前 10 位省份的政府补助

单位：万元

排序	地区/部门	政府补助收入
	民政部	178763.49
1	上　海	31739.41
2	陕　西	30726.41
3	江　苏	28550.92
4	重　庆	11927.25
5	湖　南	6726.35

续表

排序	地区/部门	政府补助收入
6	北　京	5927.06
7	广　东	5010.62
8	四　川	4564.64
9	吉　林	4296.20
10	浙　江	3976.90
	合　计	312209.25

从政府补助资金量来看，除了民政部之外，最高为上海市，上海市大学生科技创业基金会及上海文化发展基金会均接受了1亿元以上的政府补助资金。江苏省也是两家基金会（昆山市党员关爱暨帮扶困难群众基金会、张家港市党员关爱暨帮扶困难群众基金会）各自接收了1亿元的政府补助资金，才使得该金额较大。基金会获得政府补助的整体情况仍然是民政部登记的基金会占据了总额的“半壁江山”，东部地区多于中西部地区。

（3）投资收益

基金会财产主要来源于社会捐赠，最终应当用于公益事业，财产的保值增值问题是基金会管理的一大重点。基金会实现财产保值增值的主要途径有银行存款、投资国债、投资其他有价证券、投资兴办企业及委托理财等。遵循合法、安全、有效的原则对基金会财产进行保值增值，不仅是《条例》的明确规定，也是基金会对社会捐赠财产负责的重要举措。

而事实上，大部分基金会对于保值增值即投资都保持比较谨慎的态度，没有投资行为，所以整体投资收益占总收入的比例不高。其中，基金会投资收益低于1%的省份有10个，占31.25%。民政部登记的基金会投资收益也仅为1.29%。

从全国基金会的实际情况来看（见表25），投资收益仅占总收

表 25 2012 年全国基金会收入情况

单位：万元，%

地区/部门	捐赠收入		提供服务和商品销售		政府补助		投资收益		其他收入		平均收入	总收入
	收入	百分比	收入	百分比	收入	百分比	收入	百分比	收入	百分比		
民政部	1832661.10	87.27	9054.33	0.43	178763.49	8.51	52515.64	2.50	26986.12	1.29	11864.30	2099980.72
江　苏	448047.92	88.25	132.87	0.03	28550.92	5.62	15876.87	3.13	15114.12	2.98	1226.38	507722.68
上　海	196602.73	75.48	1517.25	0.58	31739.41	12.19	23243.48	8.92	7357.49	2.82	2034.85	260460.35
北　京	168259.70	90.47	4104.28	2.21	5927.06	3.19	2344.31	1.26	5345.59	2.87	889.86	185980.94
广　东	147957.16	82.12	3325.87	1.85	5010.62	2.78	15144.10	8.40	8741.96	4.85	750.75	180179.69
浙　江	104922.90	86.07	539.17	0.44	3976.90	3.26	7141.04	5.86	5318.83	4.36	465.26	121898.84
陕　西	72934.30	65.73	300.80	0.27	30726.70	27.69	5966.60	5.38	1030.00	0.93	1761.24	110958.40
福　建	97449.80	88.09	1640.28	1.48	1827.95	1.65	4422.62	4.00	5288.16	4.78	801.66	110628.81
辽　宁	88696.25	97.21	349.76	0.38	1013.03	1.11	106.81	0.12	1080.61	1.18	1341.86	91246.46
湖　南	49231.66	74.48	0.00	0.00	6726.35	10.18	5420.11	8.20	4726.00	7.15	479.02	66104.12
四　川	54791.48	84.74	5.61	0.01	4564.64	7.06	1191.50	1.84	4101.31	6.34	743.16	64654.54
重　庆	49760.42	78.77	-1.77	0.00	11927.25	18.88	465.70	0.74	1022.33	1.62	1579.35	63173.93
湖　北	49605.28	93.68	0.00	0.00	755.00	1.43	903.15	1.71	1688.63	3.19	840.51	52952.06
河　南	50818.37	96.10	0.00	0.00	891.93	1.69	648.70	1.23	519.41	0.98	789.23	52878.41
山　东	49046.20	94.02	245.82	0.47	533.37	1.02	1066.74	2.05	1270.90	2.44	704.91	52163.03
山　西	29976.67	88.89	67.18	0.20	700.00	2.08	2105.16	6.24	872.68	2.59	843.04	33721.69

续表

地区/部门	捐赠收入		提供服务和商品销售		政府补助		投资收益		其他收入		平均收入	总收入
	收入	百分比	收入	百分比	收入	百分比	收入	百分比	收入	百分比		
云　南	28449.75	85.07	123.50	0.37	2297.60	6.87	1820.68	5.44	749.55	2.24	796.22	33441.08
天　津	30465.87	92.49	0.00	0.00	1039.59	3.16	1158.60	3.52	274.44	0.83	633.43	32938.50
安　徽	27162.83	87.49	0.00	0.00	1007.87	3.25	1880.41	6.06	996.75	3.21	705.63	31047.86
贵　州	27008.61	89.82	0.18	0.01	1839.33	6.12	254.94	0.85	966.91	3.22	1073.93	30069.97
江　西	24008.06	93.62	0.00	0.00	34.45	0.13	960.64	3.75	640.71	2.50	915.85	25643.86
宁　夏	22737.90	94.78	181.30	0.76	799.36	3.33	68.52	0.29	203.99	0.85	773.91	23991.08
吉　林	18029.56	77.77	0.00	0.00	4296.20	18.53	234.44	1.01	622.87	2.69	386.38	23183.02
内蒙古	14115.98	63.27	822.85	3.69	3554.37	15.93	2223.49	9.97	1592.37	7.14	289.73	22309.06
黑龙江	20639.94	94.36	0.00	0.00	581.00	2.66	36.00	0.16	617.01	2.82	390.61	21873.95
广　西	18882.90	92.17	0.00	0.00	333.00	1.63	296.72	1.45	975.07	4.76	660.89	20487.69
河　北	12016.20	87.63	0.00	0.00	851.60	6.21	365.94	2.67	478.82	3.49	360.86	13712.56
海　南	9148.55	86.53	417.85	3.95	713.40	6.75	100.00	0.95	192.63	1.82	391.57	10572.43
甘　肃	6378.86	78.29	110.17	1.35	1458.42	17.90	4.70	0.06	195.87	2.40	325.92	8148.02
新　疆	4544.13	82.44	0.00	0.00	737.30	13.38	92.53	1.68	138.03	2.50	204.15	5511.99
青　海	4807.60	96.27	0.00	0.00	124.65	2.50	9.13	0.18	52.63	1.05	312.13	4994.02
新疆生产建设兵团	1528.75	97.62	0.00	0.00	30.00	1.92	0.00	0.00	7.23	0.46	521.99	1565.98
西　藏	0.00	0.00	0.00	0.00	0.00	0.00	0.00	0.00	44.00	100	44.00	44.00
合　计	3760687.43	86.17	22937.3	0.53	333332.76	7.64	148069.27	3.39	99212.02	2.27	1562.00	4364239.74

入的3.39%，平均收益约为53.00万元，仅占平均总资产的1.60%，甚至低于定期存款利率。从原始数据来看，11家基金会投资收益为负，2088家基金会投资收益为0（这些基金会的银行存款利息收入未计入其他收入），而这些基金会的净资产总和达到近372.77亿元。

上海市、广东省、湖南省、内蒙古自治区的基金会投资收益占总收入的比例较高，在8%以上。上海市和广东省不仅比例高，投资收益金额也比较大，这与当地的经济环境有一定的关系。

五　全国基金会支出情况

1.2012年全国基金会支出总额

2012年全国基金会支出总额为325.28亿元，同比增长12.60%，与2011年的增长幅度基本持平，呈现稳定的增长趋势。该数额占当年基金会总收入[①]的74.63%，其中，总收入中包括2012年新成立的部分基金会的原始资金收入。

由表26可见基金会支出的分布情况：与基金会收入情况相对应，也与2012年之前的分布情况相一致，大部分基金会尤其是非公募基金会支出都集中在500万元以内。这里有新成立基金会的影响，对于一家刚成立的基金会来说，一开始就进行大额的支出并不是十分科学合理的，所以支出额的大规模增长应该是在基金会收入大规模增长之后出现的。支出超过亿元的基金会共有37家，其中公募基金会24家，非公募基金会13家。与2011年相比，增加了3

① 由于会计核算标准及基金会上报数据的差异，365家新成立的基金会中有部分未将原始基金纳入该年捐赠收入。

家支出上亿元的非公募基金会，年支出5亿元以上的基金会从上一年度的5家增至7家。

表26　2012年基金会支出分布情况

支出分布（万元）	公募		非公募		合计	
	数量（家）	比例（%）	数量（家）	比例（%）	数量（家）	比例（%）
[0,100]	465	37.87	871	55.62	1336	47.82
(100,500]	379	30.86	408	26.05	787	28.17
(500,1000]	145	11.81	115	7.34	260	9.31
(1000,2000]	112	9.12	72	4.60	184	6.59
(2000,10000]	103	8.39	87	5.56	190	6.80
(10000,50000]	18	1.47	12	0.77	30	1.07
>50000	6	0.49	1	0.06	7	0.25
合　计	1228	100.00	1566	100.00	2794	100.00

由表27可见，全国公募基金会支出约232.96亿元，占基金会总支出的71.62%，占公募基金会总收入的85.69%；全国非公募基金会支出约92.32亿元，占基金会总支出的28.38%，占非公募基金会总收入的56.10%。近年来，非公募基金会的发展势头进一步展现，在数量上已经超过公募基金会，其中也不乏运作规范、专业的非公募基金会，但就规模与资金量而言，公募基金会仍占有绝对优势。

表27　2004年前后成立的基金会支出情况

单位：家，万元

成立时间	公募			非公募			合计		
	数量	总额	平均值	数量	总额	平均值	数量	总额	平均值
1981～2004	459	1893962.0	4126.28	132	160629.4	1216.90	591	2054591.0	3476.50
2005～2011	769	435657.5	566.50	1434	762538.6	531.80	2203	1198196.0	543.90
合　计	1228	2329619.5	1897.08	1566	923168.0	589.50	2794	3252787.0	1164.20

平均每家基金会的支出在1164.20万元，其中公募基金会的平均值为1897.08万元，非公募基金会的平均值为589.50万元。整体上，还是公募基金会的支出规模较大。

从成立时间上来看，2004年之前成立的基金会相应支出更多，其平均值达到了3476.5万元，比2012年基金会收入的平均值略少（收入均值为3885.67万元），是2004年之后成立基金会支出（543.9万元）的6.39倍（见表27）。这与大型的老牌基金会每年的大额支出有关。统计显示，2012年全国支出前15名的基金会均为2004年之前成立的，其中14家为公募基金会。

对比2011年的收入与支出情况可知，以2004年为分水岭，公募基金会与非公募基金会的发展状况截然不同。2004年以前成立的基金会中，公募基金会在收入和支出上均远远超过非公募基金会，支出总额约达到189.40亿元（见图11），是非公募基金会支出总额的11.79倍，即使是平均值也是非公募基金会的3倍多。而2004年之后成立的基金会中，非公募基金会无论从数量还是资金量来看，发展速度与规模都超过公募基金会，其支出总额是公募基金会的1.75倍，收入总额是公募基金会的2.02倍。

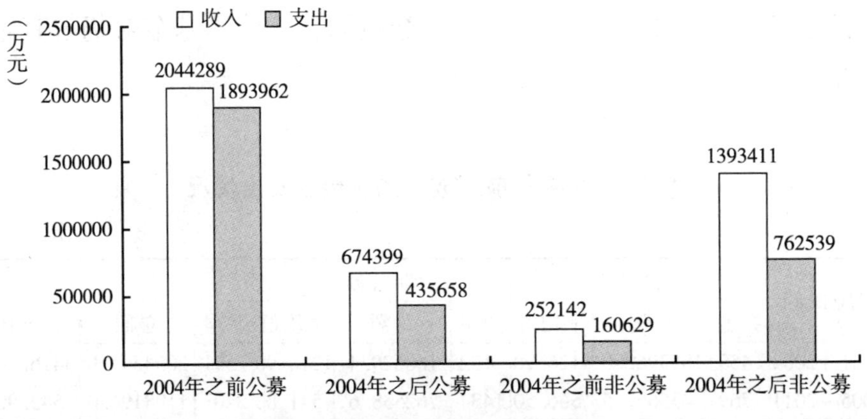

图11　基金会收支总额对比

在平均规模上，2004 年之前成立的公募基金会平均收入与支出最高，遥遥领先于2004 年之后成立的公募基金会以及2004 年前后成立的非公募基金会，收支较为均衡。而与之相对应的是，2004 年之后成立的公募基金会收支均较少。2004 年之后成立的基金会，收支的平均值均不高，这与近两年新成立大量基金会有关，一般新成立的基金会收入或许很多，但当年不会有很大的支出。

从收入的地区（部门）分布情况来看，民政部登记的 177 家全国性基金会支出总额约为 180 亿元，占全国总支出的 55% 左右，在支出规模上占绝对优势。民政部之外，公益支出最多的 5 个省份分别是江苏省（28.21 亿元）、上海市（16.58 亿元）、广东省（13.91 亿元）、浙江省（12.92 亿元）、北京市（10.23 亿元）（见图 12）。其分布规律与收入和资产的分布规律一致，与 2011 年支出最多的 5 个省市相同，只是顺序上有所改变。江苏省仍是全国基金会支出总额最大的省份，与 2011 年相比增长 25.29%，在各省市中遥遥领先。浙江省较 2011 年减少支出 7.7 亿元，年支出在 5000 万元以上的基金会从 2011 年的 11 家减少到 2012 年的 4 家，而支出在 1 万元以下的基金会从 2011 年的 12 家增加到 2012 年的 20 家。

由表 28 可见，排名前 10 位的基金会支出总额约为 130.37 亿元，占全国基金会支出总额的 40.08%，除新增的广东省扶贫基金会、中国青少年发展基金会外，其余均为 2011 年的前 10 名[①]。其中总支出额最大的基金会与 2011 年相同，为中华慈善总会，支出总额约为 71.20 亿元。这 10 家基金会当年支出占收入的比例均在

① 2011 年前 10 位名单中的中国残疾人福利基金会 2012 年支出总额排第 11 位，中国红十字基金会排第 14 位。

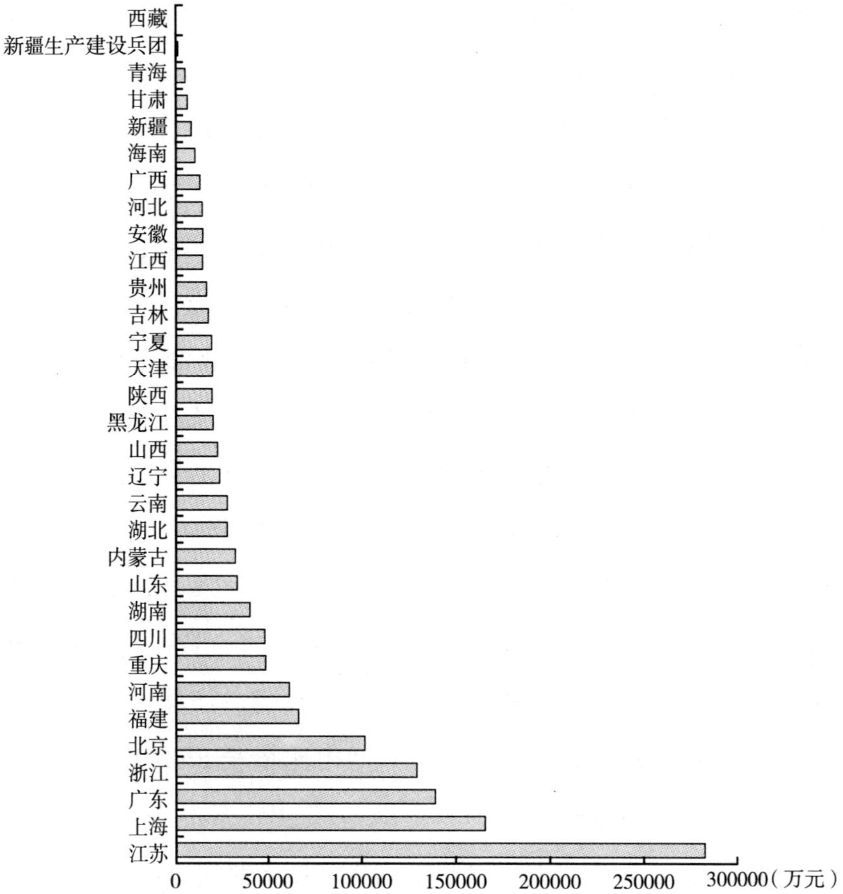

图 12　全国各省基金会支出总额分布

注：由于民政部注册登记的基金会支出额较大，影响分布图的呈现，故单独说明。

70%以上，3家基金会支出大于收入，该比例最高的基金会为河南省宋庆龄基金会，达220.02%。

表 28　支出总额前 10 位的基金会

单位：万元，%

排序	基金会名称	支出总额	占该基金会当年总收入比例
1	中华慈善总会	712009.76	95.45
2	中国癌症基金会	136595.62	95.02

续表

排序	基金会名称	支出总额	占该基金会当年总收入比例
3	中国教育发展基金会	95489.77	83.25
4	中国博士后科学基金会	66775.33	99.70
5	清华大学教育基金会	63977.57	70.02
6	上海市慈善基金会	55992.88	81.04
7	中国光华科技基金会	54607.13	86.94
8	广东省扶贫基金会	45395.53	142.81
9	河南省宋庆龄基金会	37860.77	220.02
10	中国青少年发展基金会	34999.24	101.68
	合　计	1303703.60	

2. 2012 年全国基金会各类支出情况

在审计报表中，基金会的支出包括业务活动成本、管理费用和其他费用（包括筹资费用）。业务活动成本主要指“为了实现其业务活动目标、开展其项目活动或者提供服务所发生的费用”①，即公益支出。管理费用是基金会为组织和管理其业务活动所发生的各项费用总额，主要包括行政办公费用和人员工资福利。以上两项费用是基金会的主要支出，反映基金会的运作状况和活跃程度，受到登记管理机关和社会公众的关注。

2012 年全国基金会总支出约 325.28 亿元，在不同类型的支出中，公益支出总额为 316.89 亿元，占总支出的 97.42%（见图 13），较 2011 年继续小幅增高。行政办公费用和人员工资福利的比例均在 1% 左右，分别是 3.29 亿元和 3.39 亿元，与往年数据差异不大。

就公募基金会和非公募基金会分别来看，各部分支出比例分布基本一致。公募基金会的公益支出总额约为 227.15 亿元，占支出

① 《民间非营利组织会计制度》。

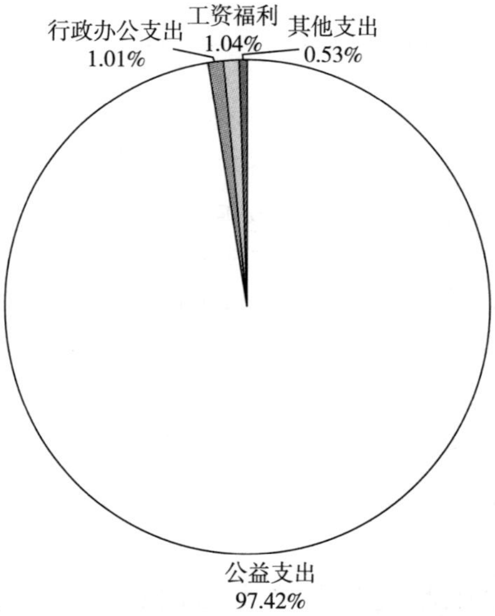

图 13　全国基金会支出情况比例

总额的 97. 51%，略高于非公募基金会的 97. 21%（见表 29）。公募基金会管理费用占支出总额的 2. 03%，略低于非公募基金会的 2. 1%。从绝对数量来看，非公募基金会平均支出约为 589. 50 万元；公募基金会约为 1897. 08 万元，为非公募基金会的 3 倍多，与 2011 年相一致。与公募基金会相比，非公募基金会发展历史较短，资金来源稳定性不高，资金规模也较小，但近年来随着各地对非公募基金会的支持，非公募基金会发展迅速，势头良好。

表 29　全国公募基金会与非公募基金会支出情况

单位：万元，%

项　　目		公益支出	行政办公支出	工资福利	其他支出	总支出
公　募	支出合计	2271519. 8	22624. 5	24748. 1	10727. 0	2329619. 4
	平均值	1849. 77	18. 42	20. 15	8. 74	1897. 08
	占总支出的比例	97. 51	0. 97	1. 06	0. 46	100. 00

续表

项　　目		公益支出	行政办公支出	工资福利	其他支出	总支出
非公募	支出合计	897400.0	10232.9	9124.9	6410.2	923168.0
	平均值	573.05	6.53	5.83	4.09	589.50
	占总支出的比例	97.21	1.11	0.99	0.69	100.00

（1）公益支出

“基金会用于公益事业的支出包括直接用于受助人的款物和为开展公益项目发生的直接运行费用”①。2012 年全国基金会公益支出总额约为 316.89 亿元，公益支出排名前 10 位的基金会与总支出排名吻合，支出总额约为 129.09 亿元，占相应总收入的比例约为 93.68%（见表 30）。这 10 家基金会中，从基金会性质来看，除清华大学教育基金会外，其余 9 家均为公募基金会；从登记注册机关来看，除 7 家在民政部登记的全国性基金会外，其余 3 家分别是上海市慈善基金会、河南省宋庆龄基金会和广东省扶贫基金会。公益支出额最高的为中华慈善总会，公益支出占总收入比例最高的为河南省宋庆龄基金会，达到 218.42%，这应该是基金会内部项目运作的偶然情况。

表 30　公益支出额排名前 10 位的基金会

单位：万元，%

排序	基金会名称	公益支出	占该基金会当年总收入比例
1	中华慈善总会	711265.97	95.36
2	中国癌症基金会	135064.05	93.96
3	中国教育发展基金会	95271.17	83.06
4	中国博士后科学基金会	66263.68	98.93
5	清华大学教育基金会	60844.88	66.59
6	中国光华科技基金会	53147.39	84.62
7	上海市慈善基金会	52912.63	76.58

① 民政部：《关于规范基金会行为的若干规定（试行）》。

续表

排序	基金会名称	公益支出	占该基金会当年总收入比例
8	广东省扶贫基金会	45306.93	142.53
9	河南省宋庆龄基金会	37586.22	218.42
10	中国青少年发展基金会	33198.66	96.45
	合　计	1290861.58	

民政部的基金会公益支出总额远远高于各省，排名前5位的省份为江苏、上海、广东、浙江、北京，与基金会收入情况基本一致。与2011年相比，民政部登记的基金会公益支出增长较快，增长量达到近23.50亿元。公益支出占总支出比例最高的为江苏省（98.58%）和宁夏回族自治区（98.27%），该比例在90%以下的省份为海南省（86.63%）和陕西省（88.80%）。公益支出是评价基金会规模和活跃程度的最直观的指标，具有相当的重要性。由于公益支出占基金会总支出的绝大部分比例，所以其分布规律与基金会总支出分布规律类似。

（2）工资福利和行政办公支出

根据《条例》第二十九条规定，基金会工作人员工资福利和行政办公支出比例不得超过当年总支出的10%。此项规定用于约束基金会的运作规范性及提高公益资金的使用效率，但并不意味着管理费用越低就越好，应根据基金会的运作类型和具体情况而定。合理、高效地使用善款是最终目的。

从全国的平均数来看，基金会的行政办公支出和人员工资福利支出仅占支出总额的2.05%，符合《条例》规定的标准。各省份该支出比例均符合10%以内的规定，比例最高的甘肃省也仅为5.47%，与2011年相比规范性得到进一步提高。

参加年检的2794家基金会中，由于数据为零或缺失而无法计算的基金会有 194 家，剩余的 2600 家基金会中，85.5% 的基金会符合基金会工资福利和行政办公支出规定，168 家基金会显示无这两项费用，49 家基金会仅有这两项费用而无公益支出（见表 31）。

表 31　全国基金会工资福利和行政办公支出金额分布

单位：家，%

工资福利和行政办公支出占总支出比例	基金会数量	占基金会总数百分比
0	168	6.46
(0,1%)	519	19.96
[1%,5%)	807	31.04
[5%,10%]	729	28.04
(10%,50%)	289	11.12
[50%,100%)	39	1.50
100%	49	1.88
总　数	2600	100

注：总支出数据为 0（多为新成立不久的机构）或者缺失则无法计算该数据，故有 194 个缺失值。

全国基金会的工资福利和行政办公两项支出占基金会总支出的 2.05%，比例偏低。为保证基金会项目的良好运作，产生相应的费用是合理的，所以基金会的管理费用并非越低越好，而应该在一个适度的范围。从结果来看，工资福利和行政办公支出占总支出 50% 及以上的基金会共有 88 家，占有效数据的 3.38%，这种情况基本上是由于基金会未进行项目运作，所以无公益支出。该两项支出在 1% 以下的基金会有 687 家，占基金会总数的 26.42%，这意味着如果基金会运作 200 万元的项目，所产生的人员和行政费用不足 2 万元，欠缺合理性，但不排除一些基金会将项目人员的工资补助等费用计入项目费用中，或者另有专门的捐赠来支付此类费用，或者由捐赠企业承担相关行政费用等。总之，从这两项支出的分布和会计核算的角度来看，我国基金会在管理费用上需要进一步合理调整。

公益是有成本的，尤其是自己独立运作项目的基金会，必然需要一定的行政成本和人力支出，否则将无法维系组织正常的运作。不同类型的公益活动或项目的行政及人力成本有很大的差距，到底多高的成本合适，实质上是交由社会选择的，即由捐款人“说了算”。

过低的行政及人力成本不仅留不住人，无法更好地运作项目，也会误导公众，认为公益就是理所当然的“付出与奉献”，将公益置于道德高台之上。很多基金会迫于成本压力只能另辟蹊径，通过其他途径如通过业务主管单位或主要捐资方来提供人员工资福利与行政办公支出，最终呈现的比例确实很低，但可能导致基金会对业务主管单位或主要捐资方的依赖，独立自主性受到影响，也不利于维持基金会自身的可持续发展。另外，从公信力的角度，这种方式也不利于建构基金会的公信力，因为这种运作方式下基金会的透明度实质上是不足的，公众在看不到人力和行政成本的情况下反而可能会对基金会产生质疑。具体全国各个省份（部门）各类支出情况见表 32。

3. 2012 年基金会资产、收入与支出情况比较

由表 33 可见不同资产分布组内基金会原始基金、收入、支出的总数和平均数。可以看出随着总资产规模的增大，原始基金、收入和支出平均值都呈递增的趋势。其中原始基金的变化较小，收入和支出的变化较为明显。

其中年末总资产在 5 亿元以上的基金会呈现明显的规模优势，其原始基金的平均值达到了约 1.15 亿元，收入平均值达到了约 6.30 亿元，支出平均值达到了约 5.30 亿元。其中收支平均值是资产分布在 500 万元以内基金会收支平均值的数百倍，也是资产分布在 1 亿 ~5 亿元基金会的近 10 倍。这类基金会虽然数量不多，却是公益资源最为集中的一部分组织。

表 32　2012 年全国基金会支出情况

单位：万元，%

地区/部门	公益支出		行政办公		工资福利		其他		平均支出	总支出
	支出	百分比	支出	百分比	支出	百分比	支出	百分比		
民政部	1768985. 60	98. 24	12286. 24	0. 68	16167. 37	0. 90	3197. 14	0. 18	10173. 09	1800636. 35
江　苏	278114. 30	98. 58	2491. 84	0. 88	1478. 72	0. 52	47. 75	0. 02	681. 48	282132. 61
上　海	157113. 40	94. 76	3055. 17	1. 84	3383. 62	2. 04	2248. 49	1. 36	1295. 31	165800. 68
广　东	134892. 60	96. 99	1880. 71	1. 35	1821. 06	1. 31	490. 23	0. 35	579. 52	139084. 60
浙　江	126566. 30	97. 95	720. 44	0. 56	1129. 62	0. 87	794. 37	0. 61	493. 17	129210. 73
北　京	96341. 69	94. 13	1942. 29	1. 90	2817. 60	2. 75	1244. 81	1. 22	489. 70	102346. 40
福　建	64210. 66	97. 29	808. 27	1. 22	981. 27	1. 49	0. 00	0. 00	478. 26	66000. 20
河　南	60121. 13	97. 71	613. 81	1. 00	522. 87	0. 85	271. 22	0. 44	918. 34	61529. 03
重　庆	47152. 76	97. 14	568. 55	1. 17	357. 61	0. 74	459. 68	0. 95	1213. 47	48538. 60
四　川	45935. 40	95. 63	954. 56	1. 99	624. 78	1. 30	519. 49	1. 08	552. 12	48034. 23
湖　南	38057. 17	95. 31	926. 72	2. 32	533. 53	1. 34	413. 90	1. 04	289. 36	39931. 31
山　东	32446. 89	97. 64	495. 41	1. 49	228. 40	0. 69	58. 77	0. 18	449. 05	33229. 47
内蒙古	30666. 64	95. 28	904. 34	2. 81	395. 78	1. 23	217. 71	0. 68	417. 98	32184. 47
湖　北	27415. 33	96. 78	230. 19	0. 81	253. 65	0. 90	428. 34	1. 51	449. 64	28327. 52
云　南	27417. 52	97. 69	378. 12	1. 35	250. 48	0. 89	19. 53	0. 07	668. 23	28065. 65
辽　宁	23455. 31	97. 90	257. 00	1. 07	246. 14	1. 03	0. 21	0. 00	352. 33	23958. 66

续表

地区/部门	公益支出		行政办公		工资福利		其他		平均支出	总支出
	支出	百分比	支出	百分比	支出	百分比	支出	百分比		
山　西	21947. 49	97. 42	390. 55	1. 73	173. 18	0. 77	17. 00	0. 08	563. 21	22528. 22
黑龙江	19212. 44	94. 55	494. 91	2. 44	19. 07	0. 09	593. 00	2. 92	362. 85	20319. 42
陕　西	17233. 50	86. 63	476. 30	2. 39	453. 50	2. 28	1730. 70	8. 70	315. 78	19894. 00
天　津	18229. 38	92. 76	390. 98	1. 99	268. 36	1. 37	762. 90	3. 88	377. 92	19651. 62
宁　夏	19172. 99	98. 27	237. 98	1. 22	101. 32	0. 52	－2. 09	－0. 01	629. 36	19510. 19
吉　林	15552. 26	87. 84	311. 98	1. 76	64. 79	0. 37	1776. 79	10. 04	295. 10	17705. 82
贵　州	15617. 73	94. 15	330. 71	1. 99	273. 95	1. 65	366. 40	2. 21	592. 46	16588. 80
江　西	14447. 20	97. 71	152. 45	1. 03	183. 29	1. 24	2. 78	0. 02	528. 06	14785. 72
安　徽	14200. 22	96. 57	283. 84	1. 93	220. 26	1. 50	0. 00	0. 00	334. 19	14704. 32
河　北	13203. 39	92. 77	300. 80	2. 11	179. 45	1. 26	548. 80	3. 86	374. 54	14232. 44
广　西	12228. 64	95. 07	374. 69	2. 91	258. 70	2. 01	0. 84	0. 01	414. 93	12862. 87
海　南	9145. 24	88. 80	232. 13	2. 25	180. 63	1. 75	741. 24	7. 20	381. 45	10299. 23
新　疆	8349. 60	97. 50	45. 92	0. 54	145. 59	1. 70	22. 21	0. 26	317. 16	8563. 32
甘　肃	5611. 33	92. 11	193. 34	3. 17	139. 97	2. 30	147. 23	2. 42	243. 67	6091. 87
青　海	4911. 10	97. 51	107. 91	2. 14	17. 73	0. 35	－0. 38	－0. 01	314. 77	5036. 35
新疆生产建设兵团	964. 63	96. 58	19. 20	1. 92	0. 72	0. 07	14. 26	1. 43	332. 94	998. 81
西　藏	0. 00	0. 00	0. 00	0. 00	0. 00	0. 00	3. 80	100. 00	3. 80	3. 80
合　计	3168919. 84	97. 42	32857. 35	1. 01	33873. 01	1. 04	17137. 12	0. 53	1164. 21	3252787. 31

表 33 不同资产分布组内原始基金、收入、支出情况

单位：万元

年末总资产分布	原始基金		收入		支出	
	总数	平均数	总数	平均数	总数	平均数
[0,500]	333354	304. 43	177616	162. 21	165907	151. 51
(500,1000]	218909	388. 14	229852	407. 54	144801	256. 74
(1000,2000]	241367	524. 71	273945	595. 53	203014	441. 34
(2000,5000]	335160	954. 87	463960	1318. 07	345572	981. 74
(5000,10000]	209348	1386. 41	466803	3091. 41	270531	1791. 60
(10000,50000]	613118	4170. 87	1240877	8384. 31	850398	5745. 93
>50000	277021	11542. 54	1511186	62966. 09	1272565	53023. 53

注：存在缺失值的基金会没有计算。

接着，对四者的相关程度做一个简单的分析：

由表 34 可见，原始基金与年末资产的相关度较高，与收入的相关度次之，与支出的相关度最低。但这三个值都小于年末资产、收入、支出三者之间的相关度。可见，原始基金实质上对后三者的影响并不大，原始基金多的基金会，其支出并不一定就多。而后三者之间相关程度较高，其中以收入和支出的关系最为密切。收入才是影响基金会财务数据的主要因素。

表 34 2012 年原始基金、资产、收入、支出四者相关度

指标	原始基金	年末资产	收入	支出
原始基金	1			
年末资产	0. 3927*** ↑	1		
收入	0. 1500*** ↓	0. 5889*** ↓	1	
支出	0. 1041*** ↓	0. 5456*** ↑	0. 9873*** ↑	1

注：* $p<0.05$，** $p<0.01$，*** $p<0.001$。

相较于2011年的情况（见表35），2012年基金会原始基金对收支的影响减小，对年末资产的影响增大。年末资产与收入之间的相关度明显降低，但同时年末资产与支出的相关程度略有提升，收入与支出之间的相关程度明显提升。

表35　2011年原始基金、资产、收入、支出四者相关度

指标	原始基金	年末资产	收入	支出
原始基金	1			
年末资产	0.3707***	1		
收入	0.1998***	0.7158***	1	
支出	0.1154***	0.5348***	0.8681***	1

注：* $p<0.05$，** $p<0.01$，*** $p<0.001$。

具体来看资产与收支之间的关系。由表36可见，2012年，有44.45%的基金会收入占资产的比例在20%以下。有约800家基金会的收入占其资产的20%～60%，这两部分基金会的比例占到了所有基金会的七成左右。剩下有约30%的基金会，其收入能够达到当年年末资产的60%以上，这是一个比较高的数据。其中有13.52%基金会一年的收入就超过它当年的年末资产。其中，整体上，非公募基金会的该比例比公募基金会的该比例略高一些。在该比例超过100%的基金会中，也是非公募基金会明显多于公募基金会。

基金会是一个资金流动十分频繁的组织，甚至可能存在着与自身资产规模相当的资金流入和流出，因此，基金会年末资产并不能完全代表基金会的项目规模等。基金会的收入多是为了公益目的要“花出去”的，这是基金会和企业的不同之处，基金会不是以自身资产积累为目的的机构。

表 36　收入占资产的比例分布情况

单位：家，%

收入占资产比例	公募	非公募	总数	比例	累计比例
[0,20%]	561	669	1230	44.45	44.45
(20%,40%]	222	265	487	17.60	62.05
(40%,60%]	145	161	306	11.06	73.11
(60%,80%]	88	107	195	7.05	80.16
(80%,100%]	68	107	175	6.32	86.48
>100%	136	238	374	13.52	100.00
合　计	1220	1547	2767	100.00	

注：存在缺失值或资产为 0 的基金会没有计算。

相较于收入，支出占年末总资产的比例整体上要低一些。有 60.61% 左右的基金会支出在资产的 20% 以内（见表 37）。但同时也有 16.14% 的基金会当年的支出就占到了当年年末资产的 60% 以上。一共有 232 家基金会当年的支出超过了当年的年末总资产，这些基金会往往是比较活跃的基金会，其资产规模可能并不大，但是收支比较多，资金流动频繁。

表 37　支出占资产的比例分布情况

单位：家，%

支出占资产比例	公募	非公募	总数	比例	累计比例
[0,20%]	692	987	1679	60.61	60.61
(20%,40%]	190	235	425	15.34	75.96
(40%,60%]	117	102	219	7.91	83.86
(60%,80%]	75	56	131	4.73	88.59
(80%,100%]	46	38	84	3.03	91.62
>100%	100	132	232	8.38	100.00
合　计	1220	1550	2770	100.00	

注：存在缺失值或资产为 0 的基金会没有计算。

最后对比一下支出占收入的比例格局，支出占收入的比例呈现“两头高、中间低”的特点（见表38）。其中，数量最多的是支出超过当年的收入的基金会（>100%），有841家，占总数的31.83%，和上一年度比例差不多。其次是支出占收入比例在20%以内的基金会，这类基金会往往是新成立的基金会，或者是当年接受了大额捐赠，但在未来几年内持续使用该捐赠的基金会。另外，支出占收入比例在80%~100%的基金会也比较多，有453家。这部分基金会和支出超过收入的基金会二者比例相加达到48.98%，也就是说近半数的基金会都属于当年花出去的钱和收入相当的机构。基金会还是以“散财”为主，并不是为了积累财富。

表38　支出占收入的比例分布情况

单位：家，%

支出占收入比例	公募		非公募		总数	
	数量	比例	数量	比例	数量	比例
[0,20%]	182	15.50	297	20.23	479	18.13
(20%,40%]	99	8.43	153	10.42	252	9.54
(40%,60%]	105	8.94	182	12.40	287	10.86
(60%,80%]	170	14.48	160	10.90	330	12.49
(80%,100%]	228	19.42	225	15.33	453	17.15
>100%	390	33.22	451	30.72	841	31.83
合　计	1174	100.00	1468	100.00	2642	100.00

注：存在缺失值或收入为0的基金会没有计算。

有些基金会有着高额收入但支出不一定多，而有些基金会支出甚至超过收入。这里的比例并没有好坏优劣之分，具体到每一家基金会，应当观察该比例置于基金会不同发展阶段的不同情况下是否合理。

图14反映出2012年基金会收入和支出分别占资产的比例以及支出占收入的比例。

另外，由图 15 可见 2012 年中国公募基金会与非公募基金会的数量、原始基金、资产、收入、支出比例分布情况：虽然非公募基金会在数量上已经超过了公募基金会，但从资产、收入和支出的总数来看，公募基金会和非公募基金会的原始基金及资产总额相当，而公募基金会的收入和支出总额仍然高于非公募基金会，尤其是在支出上，公募基金会占据了近 3/4 的份额，明显具备规模上的优势。

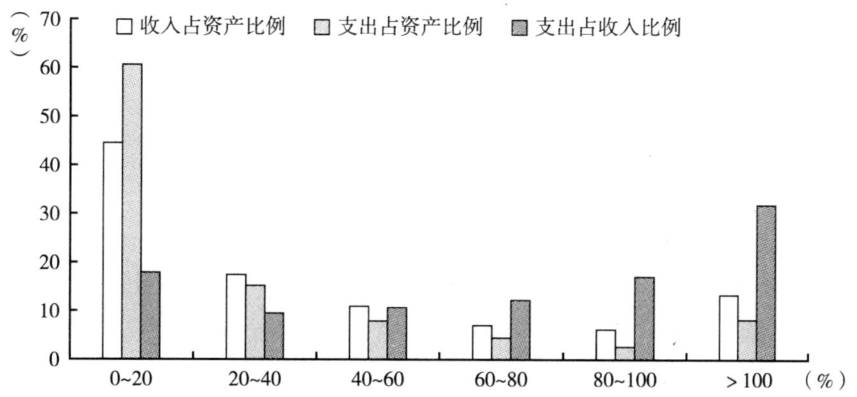

图 14　基金会资产及收支比例

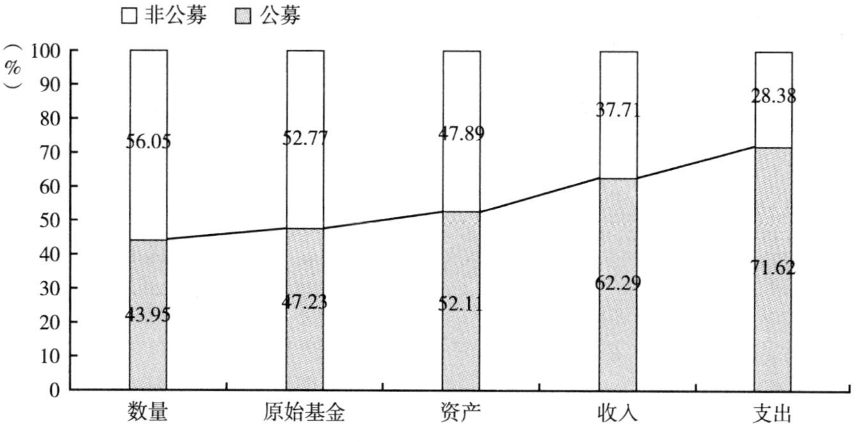

图 15　不同类型基金会数量、原始基金资产、收入、支出占比情况

六　全国基金会专职工作人员状况

1. 专职人员数量总体状况

基金会专职工作人员数量可以反映基金会的专业化程度和水平。以下分别从基金会数量、登记管理机关、类型、原始基金数、排名等维度详细介绍2012年我国基金会专职工作人员的情况。

2012年我国基金会专职工作人员有10345人，比上一年度多了1813人，增长率为21.25%，平均每家基金会拥有专职工作人员3.72名[①]，专职工作人员偏少。

由表39可见，全国基金会中，有506家基金会无专职工作人员，所占比例为18.19%，其中有63家基金会是2012年新成立的基金会。基金会在成立之初人员队伍往往不可能“一步到位”。有522家基金会只有1名专职工作人员。大多数基金会拥有3名及以下专职工作人员，累计比例达66.41%。拥有5人以上专职工作人员的基金会所占比例只占18.59%，这是一个很低的比例。有7家基金会的专职工作人员在50人以上，这些基金会都是大型公募基金会，且成立时间较早，有6家基金会是2000年之前成立的。

表39　2012年基金会拥有专职工作人员总体情况

人数(人/家)	数量(家)	比例(%)	累计比例(%)
0	506	18.19	18.19
1	522	18.77	36.97
2	442	15.89	52.86

① 存在13个缺失值。

续表

人数(人/家)	数量(家)	比例(%)	累计比例(%)
3	377	13.56	66.41
4	228	8.20	74.61
5	189	6.80	81.41
6	106	3.81	85.22
7	89	3.20	88.42
8	60	2.16	90.58
9	47	1.69	92.27
10	36	1.29	93.56
11~19	127	4.57	98.13
20~49	45	1.62	99.75
50 及以上	7	0.25	100.00
合　计	2781	100.00	—

注：该部分主要来源于各地上报的基本信息表，缺失值 13 个。

我国作为世界上劳动人口最多的国家，基金会整个行业的专职就业人数刚刚超过 1 万人，这种反差显得有些悬殊。这一方面反映了我国基金会行业处于起步时期，缺乏专业化、职业化的人才支持，公益领域的人力资源培养和发展情况极其滞后；另一方面，也体现出基金会对专业人员的需求巨大。我国大多数基金会由于节约开支等原因，工作人员多用兼职人员或志愿者。但是，基金会作为独立的法人主体，要运营大量的公益资产和公益项目，必然要求基金会科学高效地开展募捐和进行支出，做好信息公开透明、项目运作和管理、保值增值等工作。这些均需要专职的工作人员来完成。目前我国基金会专职工作人员相对缺乏的现状，不能满足基金会专业高效的运行要求。尤其是我国基金会事业正处于蓬勃发展的阶段，更需要专职工作人员在数量和质量上的提高，以适应基金会的发展步伐。

由表40可见，公募基金会拥有的专职工作人员多于非公募基金会，平均每家公募基金会工作人员比非公募基金会多2人。原因一方面可能是公募基金会项目多、持续时间长，时至今日，成立初期的工作人员都有了丰富的工作经验，专业化程度高；还有部分公募基金会有政府背景，人员经过考查进行任命，专职开展基金会的工作。另一方面，非公募基金会为节省工作成本支出，工作人员一般是由发起设立基金会的企业、单位员工兼任。

表40　不同类型基金会专职工作人员情况

单位：家，人

基金会成立年份	公募			非公募			合计		
	组织数	人数	平均值	组织数	人数	平均值	组织数	人数	平均值
1981～2004	454	3096	6.8	132	508	3.8	586	3604	6.2
2005～2011	766	2881	3.8	1429	3860	2.7	2195	6741	3.1
合　计	1220	5977	4.9	1561	4368	2.8	2781	10345	3.7

注：数据主要来源于各地上报的基本信息表，缺失值有13个。

另外，数据中也能看到2004年之前成立的基金会人数普遍更多，其中公募基金会平均专职人员达到6.8人，非公募基金会为3.8人，整体平均人数为6.2人；而2004年之后的公募基金会专职人数平均为3.8人，非公募基金会平均人数均为2.7人，整体平均人数为3.1人。可见基金会成立时间越久，其资产规模、专职工作人员人数都会相应增长，逐渐完善其组织架构。

由表41可见基金会年末资产与基金会专职工作人员的关系：

随着资产规模的增大，基金会专职人员的平均人数逐渐增大；资产规模在 500 万元及以下的基金会平均每家有专职工作人员 2.63 人；而当资产规模达到 1000 万～2000 万元时，平均专职工作人员达到 3.55 人；当资产规模达到 5000 万～1 亿元时，平均专职人员为 5 人以上；而资产规模超过 5 亿元的基金会一般都拥有数十名专职人员，其平均人数为 29.92 人。可见，资产较多的基金会大多规模大、项目多，故而对专职工作人员的需求量大。同时，这样的基金会也有更充裕的资金用于员工工资福利支出。

表 41　基金会专职工作人员按资产规模分类情况

年末总资产（万元）	人数（人）	平均人数（人）
[0,500]	2870	2.63
(500,1000]	1638	2.91
(1000,2000]	1624	3.55
(2000,5000]	1546	4.43
(5000,10000]	851	5.67
(10000,50000]	1098	7.42
>50000	718	29.92
合　计	10345	3.72

注：数据主要来源于各地上报的基本信息表，缺失值有 13 个。

由表 42 可见全国基金会专职工作人员数排名前 10 位的基本情况（共 11 家，其中有两家并列）：其中 8 家基金会的登记管理机关在东部地区，10 家基金会是公募基金会，10 家基金会的登记时间是在 2000 年以前，除四川省扶贫基金会外均拥有很高的原始基金和年末总资产。因此可以看出，专职工作人员较多的基金会有以下特点：集中在东部地区、公募基金会、运作时间长、资产雄厚。

表 42　全国基金会专职工作人员排名前 10 位列表

单位：人，万元

排名	名称	地区(部门)	类型	成立年份	人数	原始基金	年末总资产
1	中国扶贫基金会	民政部	公募	1989	116	1000	156707.5
2	中国青少年发展基金会	民政部	公募	198976		800	61763.7
3	爱德基金会	江苏	公募	2005	68	2500	27605.0
4	中国光华科技基金会	民政部	公募	1993	67	800	56676.2
5	上海市慈善基金会	上海	公募	1994	64	46000	188479.8
6	四川省扶贫基金会	四川	公募	1992	63	800	3581.3
7	中国残疾人福利基金会	民政部	公募	1984	58	50621	78701.4
8	河南省宋庆龄基金会	河南	公募	1992	47	400	287187.8
9	中国妇女发展基金会	民政部	公募	1988	43	1000	39203.6
10	中国红十字基金会	民政部	公募	1994	40	800	55646.8
10	清华大学教育基金会	民政部	非公募	1994	40	2000	240048.5

2. 各地区专职人员情况

由表 43 可见全国基金会专职工作人员的地区分布情况：民政部登记的基金会的专职工作人员的总数和均值都远远高于各地区；专职工作人员数量总和超过 500 人的还有江苏、黑龙江、北京、广东和上海；基金会专职工作人员的地区分布基本与基金会的地区分布情况相同，东部较多，中部居中，西部较少；平均每家基金会专职工作人员的数量没有因地区的不同而存在明显的差别，均分布在 2～5 人之间，这也反映出我国基金会专职工作人员普遍偏少。

表 43　全国基金会专职工作人员分布情况

单位：人

地区（部门）	总数	平均值	地区/部门	总数	平均值
民政部	1951	11.0	重　庆	156	3.9
江　苏	917	2.2	湖　北	146	2.3
黑龙江	867	15.5	云　南	145	3.5
北　京	834	4.0	天　津	132	2.5
广　东	629	2.6	甘　肃	126	5.0
上　海	588	4.6	广　西	119	3.8
四　川	416	4.8	山　西	103	2.7
浙　江	389	1.5	安　徽	101	2.3
福　建	372	2.7	贵　州	98	3.5
湖　南	370	2.7	海　南	91	3.4
河　南	315	4.8	新　疆	80	3.0
山　东	253	3.4	江　西	73	2.6
陕　西	226	3.8	宁　夏	53	1.8
内蒙古	207	2.7	青　海	29	1.8
河　北	200	5.3	新疆生产建设兵团	10	3.3
吉　林	176	2.9	西　藏	0	0.0
辽　宁	173	2.6	合　计	10345	3.7

注：共有 13 个缺失值，其中黑龙江专职工作人员与上一年度差异较大，可能是统计标准的问题。

3. 新成立基金会人员情况

从 2012 年新成立的基金会人员情况来看（见表 44），365 家新成立基金会一共拥有 921 名专职人员，平均每家基金会仅有 2.6 名专职人员，低于全部基金会的平均水平。新成立的基金会组织架构尚未健全，自身的运作和发展尚处于探索期，需要一定的时间来建构和完善。

表 44　新成立基金会人员情况

单位：人

类　型	总数	平均值
公　募	272	2.9
非公募	649	2.4
合　计	921	2.6

注：存在 7 个缺失值。

由表 45 可见新成立基金会人员分布情况：有 63 家新成立的基金会无专职人员，210 家基金会只有 1～3 名专职工作人员，专职工作人员数量在 5 人及以上的基金会一共有 59 家，其中专职工作人员数量最多的基金会为 20 人。这并不是一个很高的数字，但是相较于上一年新成立基金会的情况，已经有了很大幅度的增长。

表 45　新成立基金会人员分布

专职人数(人)	基金会数(家)	比例(%)	累计比例(%)
0	63	17.60	17.60
1	102	28.49	46.09
2	62	17.32	63.41
3	46	12.85	76.26
4	26	7.26	83.52
5	19	5.31	88.83
6	13	3.63	92.46
7	7	1.96	94.41
8	6	1.68	96.09
9	3	0.84	96.93
10	2	0.56	97.49
11～15	6	1.68	99.16
16～20	3	0.84	100.00
合　计	358	100.00	

注：存在 7 个缺失值。

总体来看，专业化人才队伍的“供求不平衡”将会成为基金会发展的瓶颈之一，而这一现状的原因之一就是目前行业内专职人员工资待遇问题。从业者的待遇过低，容易造成人才流失或人员的稳定性较差。现代公益慈善需要专业化的运作，需要有执行团队的职业化投入，团队的人员既要具有公益精神，还要具有很强的专业能力。公益领域的专职从业人员的生活同样依赖于职业所得，他们也与其他劳动者一样，要建立自己的家庭，维持自己有尊严的生活，因而他们也需要一份正常的收入。

另外需要说明的是，基金会的专职工作人员虽然少一些，基金会也不如企业和政府部门那样能迅速吸收大量就业人才，但它作为正在蓬勃发展的非营利组织，能够盘活社会上的志愿资源，释放巨大的公益能量。很多西方发达国家，例如美国，2008 年志愿者为6180 万人，其比例高达总人口的20%，即一年时间内，10 人中便有 2 人参与了社会志愿服务。基金会的专业化运作必须有人员保障，中国的基金会领域虽然还处于发展初期，整个行业需要从“游击队”转化为“正规军”，但已经显示出强大的生命力，具有调动各个行业、各个年龄层面的众多社会资源的潜力。

七　2012 年中国基金会发展态势

1. “增长”态势：基金会仍处于快速发展期

从2004 年《条例》颁布实施后，基金会数量尤其是非公募基金会数量开始快速增长，2004 年及之前，平均每年成立基金会 37 家，2004 年之后，这个数据是每年 238 家，后者是前者的 7 倍左右，更不用说其中的资金规模的变化。尤其到了2008年之后，基金会的增长速度进一步加快。现在，我们不禁要问：这样的增长速度能够持续多久？基金会快速发展的态势是否会因为一些所谓的公益领域负面新闻而遭受打压？

下面分别从数量分布、资产规模和收支等角度来呈现中国基金会近3年的增长状态，从数据中可以看出，目前中国基金会的发展速度并没有减缓。

（1）数量上增长迅速

图16～图18呈现了2010～2012年基金会的数量变化及全国分布情况[①]，基金会总数从2010年的2143家发展到2012年的2794家，平均每年增长325.5家。

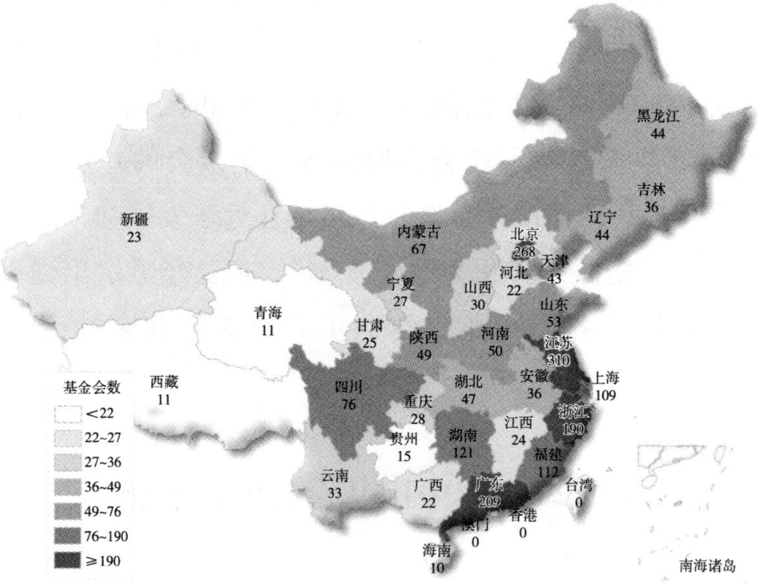

图16　2010年中国基金会分布（单位：家）

① 民政部登记的基金会按照其住所分布到全国各省区市。

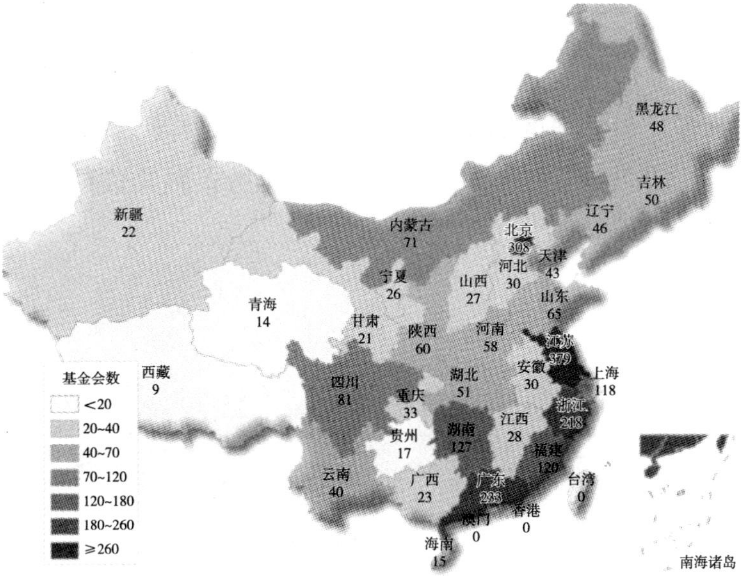

图 17　2011 年中国基金会分布（单位：家）

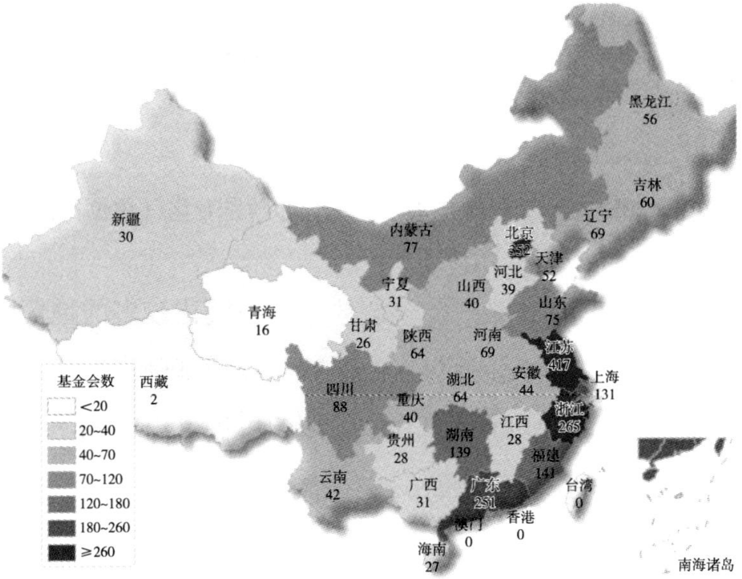

图 18　2012 年中国基金会分布（单位：家）

可以看出，整体上，三年来中国基金会的地域分布格局并没有发生很大的改变，仍然是北京、东部沿海省份、四川省和湖南省的基金会数量较多，西部地区的基金会数量较少。三年来，图的深浅变化也很明显，将2010～2012年增加的基金会数单独绘成图19。

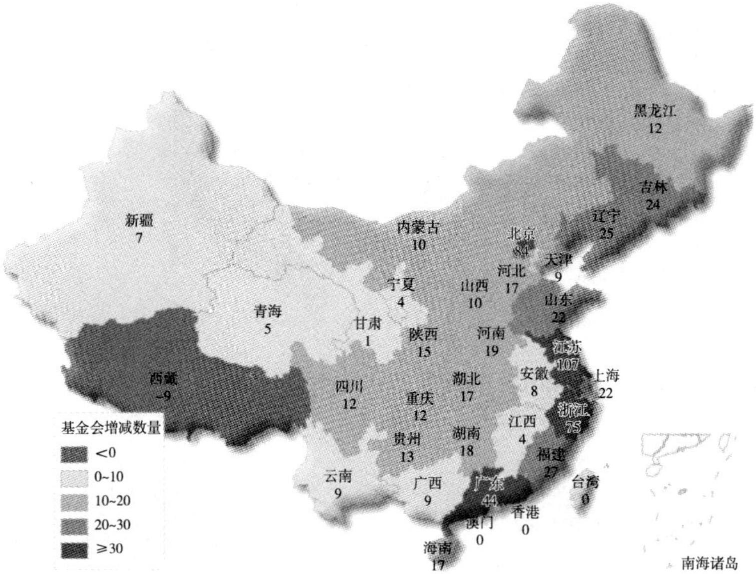

图19　2010～2012年3年来中国基金会数量变化（单位：家）

可以看出，仍然是那些基金会数量本身就比较多的地区新成立的基金会比较多，整体上看与当地的社会经济基础密切相关。基金会是社会的产物，需要社会中有足够多的可供自由支配的社会资源才可能汇集起来孵化出基金会。

虽然从2004年到现在基金会的数量已经有了大幅的增长，但是整体上截至2012年底，参加年检的基金会有效数量才是2794家，其中还存在部分“休眠”型的基金会、挣扎在“存活”线上的基金会，或者是微型基金会（每年收支都很少，甚至不足20万元），真正十分活跃的基金会估计只有其中的半数左右，活跃且形成一定社会影响力的组织只是其中的一小部分。所以，基金会的增长不仅仅需要在数量上体现，还需要在调动社会规模以及自身的“能力”等方面有所发展。

（2）资产规模迅速扩大

在数量增长的同时，基金会的资产规模也大幅增长，越来越多的社会资金进入公益领域。相较于公募基金会的资产规模增长状况，非公募基金会的资产规模增长速度十分迅速，从 2010 年的年末总资产 216.78 亿元增长到 2012 年的 442.07 亿元总额（见图 20），在规模上翻了一番，平均每年增长 112.65 亿元，平均年增长率为 42.80%。这是一个很惊人的状况，仅用了 2 年的时间，非公募基金会的资产规模就增长到了和公募基金会相当的程度，若能继续保持这样的增长态势，下一年度的非公募基金会资产总额将超过公募基金会，几年之后整个基金会领域的资产规模将会是另一番面貌。

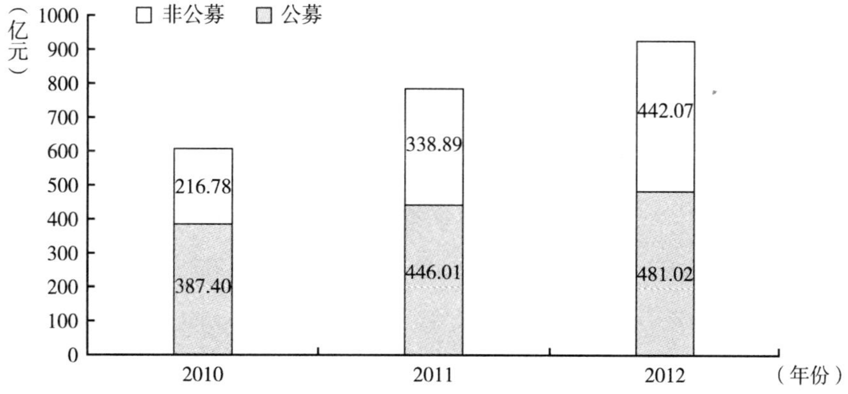

图 20　2010～2012 中国基金会年末资产总额变化

（3）收入增长变缓

2012 年基金会的收入总额为 436.42 亿元，2011 年基金会收入总额为447.12亿元，2010年基金会收入总额为374.03亿元。其中捐赠收入是总收入的绝对主导，2012年、2011年和2010年基金会捐赠收入总额分布为376.07亿元、400.67亿元、337.18亿元。

公募与非公募两类基金会2010～2012年的捐赠收入情况见图21。

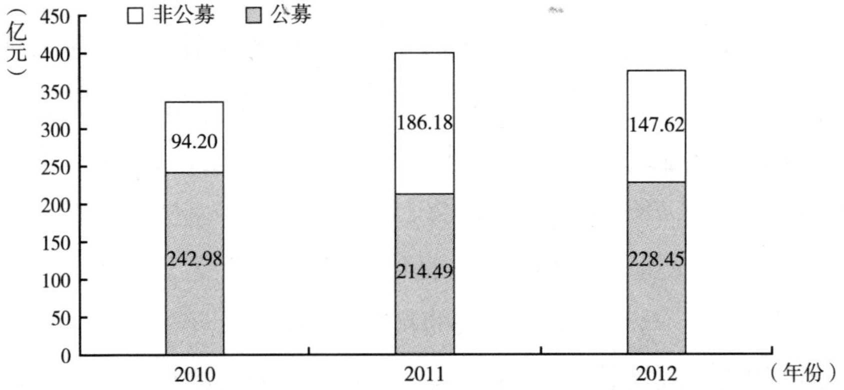

图21　2010～2012年两类基金会捐赠收入对比

由图21可见，公募基金会与非公募基金会情况不同。

公募基金会整体捐赠收入总额保持较为稳定的状态，其中2011年比2010年减少，而2012年略有增长，但整体上增长速度较缓，基本能够保持稳定。

非公募基金会在2011年的捐赠资金迅速增加，2011年的捐赠收入是2010年的1.98倍，这种增长情况较为特殊，也是由于2011年成立了几家大规模的非公募基金会，其中仅河仁慈善基金会2011年的捐赠收入就达到了35.49亿元，大幅提升了捐赠总额。2012年非公募基金会的捐赠总额较2011年有所回落，但相较于2010年还是有较大幅度的增长。

一个社会的捐赠量与其经济、文化等社会环境密切相关。在没有重大灾难或者是特大型基金会成立等特殊事件的影响时，整个社会的捐赠额度是很难发生大幅改变的。所以，在基金会数量和资产规模大幅度增长的同时，人们有了更多的捐款对象选择，但是捐赠总量并没有发生大幅度增长。不过，抛开 2011 年的特殊情况，中国基金会的捐赠额整体上还是处于增长状况，且主要是非公募基金会捐赠收入的增长。

除了捐赠收入之外，基金会还有政府补助、提供服务和商品销售收入、投资收益等收入类型，总收入减去捐赠收入后得到其他几类收入，其他类型收入在三年来的变化情况见图 22。

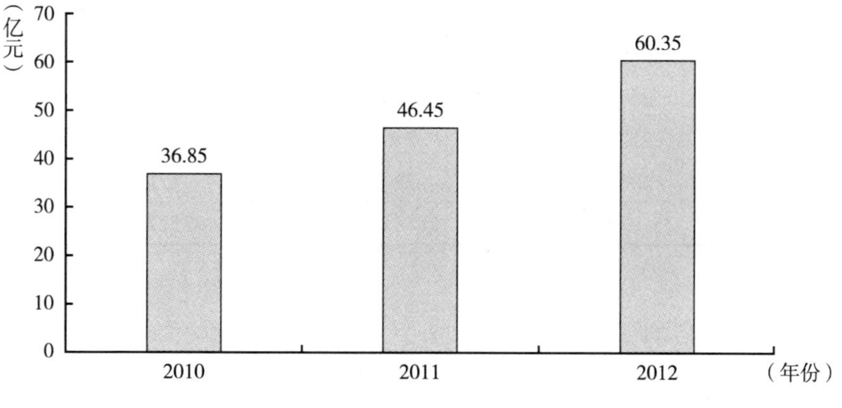

图 22　2010～2012 年基金会其他类型收入变化

2010 年其他各类收入之和仅为 36. 85 亿元，到了 2012 年这个数值达到了 60. 35 亿元，是 2010 年的 1. 64 倍，增长幅度很大。可见，除了捐赠收入之外，其他几类收入虽然总额不是很多，但还是在持续增长，且增长的绝对数值也在逐年增多。只不过这部分收入对于总收入的影响较小。

（4）支出持续迅速增长

表 46 是 2010～2012 年中国基金会的支出变化。在支出总额方面，三年来中国基金会的支出持续增长，即使 2012 年的整体收入

总额不如2011年，但是其支出总额比2011年增加了36.41亿元，绝对值较2010～2011年的增长量还要大，增长率为12.60%。除了其他支出，公益支出、行政办公和工资福利都有增长，所以，三年来，中国基金会支出的整体架构还是不变。公益支出占据了97%的份额，行政办公和人员工资福利支出都在1%左右。

表46　2010～2012年中国基金会支出变化

单位：万元，%

支出类型	2010年		2011年		2012年	
	数量	比例	数量	比例	数量	比例
公益支出	2500552.5	97.74	2804893.0	97.10	3168919.8	97.42
行政办公	26600.9	1.04	31195.0	1.08	32857.3	1.01
工资福利	21231.2	0.83	28652.3	0.99	33873.0	1.04
其他支出	10010.7	0.39	23996.2	0.83	17137.1	0.53
合　计	2558395.3	100.00	2888736.5	100.00	3252787.3	100.00

我们一直强调基金会的“成本”概念，在基金会领域，有很多人都在关注行政办公经费及工作人员工资福利的比例，也逐渐产生了一些关于基金会成本的讨论。基金会作为一类专业化的非营利机构，其合理的行政成本及人力成本是必需的。虽然很多基金会都已经认识到这个问题并努力推进整个行业和媒体公众对于成本的认识，但在具体实践中，很多运作型基金会，例如需要很多社工、培训师等人力成本的基金会，要将成本控制在总支出的10%以内是十分困难的，因为低成本可能意味着基金会提供服务质量的降低，也留不住专业人才。美国权威的BBB（Better Business Bureau）网站For Charities and Donors版块给出的问责慈善行为的标准是项目支出占总支出的65%以上。这是一个相对“宽松”的比例。

那究竟怎样的比例才算合适呢？理想状态是通过社会自己的选

择来决定。基金会向捐赠方展现其公益资金的使用情况，捐赠方来判断是否合理及是否愿意资助，这就是公开透明的真正用意所在。公益领域就如同市场一样，有着多种多样的社会需求，也有着不同成本比例、不同规模、不同领域、不同风格的基金会。社会可以通过自己的捐赠来“投票”选择不同的基金会，支持自己认为“成本合理”的组织或项目，甚至是自己成立一家非公募基金会进行合理运作。社会公众可以通过这种社会选择来肯定好的，否定差的，即使出现一两家差的组织也不至于产生对整个行业的质疑。相反，如果不分具体情况，只以行政、人力成本的高低来判断基金会的优劣，可能达到的效果并不是捐赠方所期待的高效完美，而是公益效率降低，甚至出现公益成本不透明而导致公信力受损的情况。捐赠方理性的认识和选择，是帮助基金会健康发展的重要力量。

接下来具体看看公益支出三年来的变化，如图 23 所示。

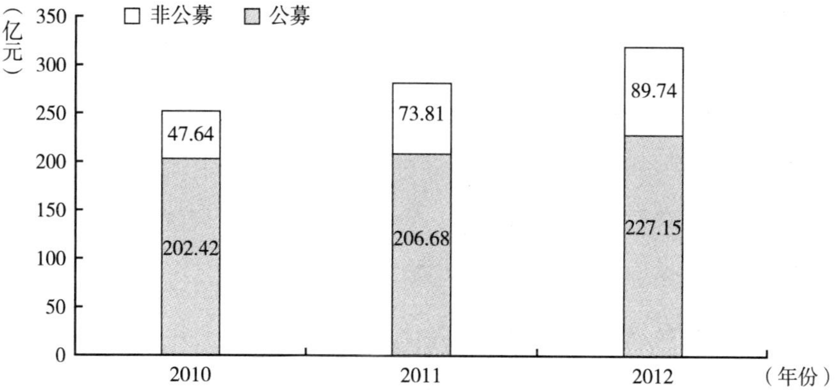

图 23　2010～2012 年两类基金会公益支出对比

公募基金会的公益支出逐年增长，尤其是 2012 年，增长幅度较大，增长率达到了 9.90% 。非公募基金会的公益支出在 2010 年不到 50 亿元，规模较小，到了 2012 年，其公益支出达到了近 90

亿元，将近翻了一番。2010年，非公募基金会的公益支出占公募基金会公益支出的23.54%，到了2012年，非公募基金会的公益支出达到了公募基金会公益支出的39.51%。

虽然非公募基金会的公益支出整体金额远少于公募基金会，但其增长幅度较大，有不断赶超公募基金会的势头。这和两类基金会数量以及资产的规律类似，一开始，非公募基金会在各个维度上都十分“弱小”，属于起步期。到了2011年，非公募基金会首次在数量上超过了公募基金会，2012年，非公募基金会首次在资产规模上超过了公募基金会。虽然目前在收支方面，还是公募基金会占据优势，但两者的差距在不断减小，非公募基金会的增长速度要快于公募基金会。

综合以上四个方面，整体上，中国基金会除了收入增加较为缓慢之外，在数量、资产规模和支出上的增长速度十分惊人，发展快速。而实际上，从2004年《条例》颁布至今，中国基金会真正的发展其实还不足10年，但是这10年发生了天翻地覆的变化，尤其是2008年汶川地震之后5年来全国各地非公募基金会的兴起和公益志愿的热潮。我们正处于这个飞速变革的时期，或许我们也是变革者。

基金会繁荣的基础是自由活动的社会空间和自由流动的社会资源。

一方面，需要政府在政策上给予支持鼓励。2004年《基金会管理条例》发布是一个标志。2004年之前的基金会基本上是政府或者与政府关系密切的组织及名人成立的。2004年之后，允许社会成立非公募基金会，企业、各行各业的有志之士以及志愿者等更多社会元素出现了。而到了现在，有些地方政府已经开始逐渐取消双重管理体制，探索部分基金会的直接登记注册方式。

另一方面，有了空间若没有社会资源也无法孵化出基金会。社会资源来自国家之外，是经济繁荣带来的资本，且能够自由支配。

有了这两大基础之后，社会中的个人从原先的“单位”中跳出来，他们可以“下海”进入市场，当资本足够充裕的时候，在一定的文化价值引导下，也可以进入第三部门。这个部门是价值先行的，来源于人们在私人生活之外的公民诉求。价值是多元的，所以，基金会从出生开始就具备自身独特的个性，甚至难以被模仿复制。即使是官办色彩浓重的组织，也难以找到两家一样的基金会。

2. “多元”态势

（1）基金会服务领域多样

基金会的多样化格局在发展头几年可能并没有充分显现，但是发展几年之后，多元的趋势便表现出来了，给人们展示出一幅丰富多彩的图景。

以北京市基金会为例，北京市基金会的公益项目类型十分多元，除了传统的慈善类活动之外，还涉及科、教、文、卫、体等诸多领域。

如表 47 所示，从基金会项目的服务领域来看，有 350 个项目是支教助学领域，占项目总数的 29.19%。其次是文体科普领域和医疗卫生领域，分别有 180 个项目和 101 个项目。教育、科学文化、医疗卫生是北京市基金会最为关注的三个方面。除此之外，生态环境、服务社区、促进就业等各个方面都有所涉及。

表 47　2012 年北京市基金会公益项目分布

单位：个，%

服务领域	非公募		公募		合计	
	数量	比例	数量	比例	数量	比例
支教助学	269	28.86	81	30.34	350	29.19
文体科普	135	14.48	45	16.85	180	15.01
医疗卫生	72	7.73	29	10.86	101	8.42
扶贫救助	54	5.79	14	5.24	68	5.67

续表

服务领域	非公募		公募		合计	
	数量	比例	数量	比例	数量	比例
生态环境	36	3. 86	21	7. 87	57	4. 75
助老助残	17	1. 82	19	7. 12	36	3. 00
服务社区	14	1. 50	6	2. 25	20	1. 67
服务三农	11	1. 18	1	0. 37	12	1. 00
促进就业	9	0. 97	2	0. 75	11	0. 92
法律援助	4	0. 43	7	2. 62	11	0. 92
互益服务	10	1. 07	0	0. 00	10	0. 83
拥军优属	10	1. 07	0	0. 00	10	0. 83
妇幼救助	6	0. 64	1	0. 37	7	0. 58
其　他	285	30. 58	41	15. 36	326	27. 19
合　计	932	100. 00	267	100. 00	1199	100. 00

另外，北京市公募基金会和非公募基金会在服务领域分布上的区别并不是很大，其中比较明显的不同是公募基金会在医疗卫生、生态环境和助老助残方面的比例比非公募基金会高一些，而非公募基金会所涉及的领域更广一些，互益服务和拥军优属领域等都有涉及。

从开展方式上也可以看出，大部分基金会都是自行开展项目，一共有 774 个项目是自行开展的，占项目总数的 64. 55%。基金会资助开展项目 325 个，占项目总数的 27. 11%。非公募基金会和公募基金会在这方面区别并不大。

基金会开始覆盖越来越多的社会需求，无论是基本的扶贫助学、医疗救治、环境保护，还是法律援助、艺术交流、学术研究等，都有涉及。在大多数的需要社会资源支持的地方，都可以看到这些基金会的身影。基金会不仅仅承担着会集社会公益资源的功能，更多的是充分利用这些资源开展实质性的行动，倡导某种公益理念，引起社会对该领域的关注，推动社会进步。

（2）基金会运作类型开始分化

中国基金会目前主要以运作型为主，资助类基金会较少，这其中既有相关的社会环境（中国整体公益领域社会选择机制尚未成熟）和政策因素的原因，也有基金会自身发育阶段的原因。很多基金会都是其他行业的人进入开展工作的，在这个新兴领域中，发起者或工作人员并不知晓以何种方式资助哪类组织合适，也不知道如何寻找对接的社会组织。所以，部分基金会选择从自己运作做起，逐渐探索向资助型或者联合运作型转型。如图 24 所示，在北京市基金会运作的公益项目之中，不管是公募基金会还是非公募基金会，大部分项目是基金会自行开展，少部分是资助或者其他方式，如联合开展项目。

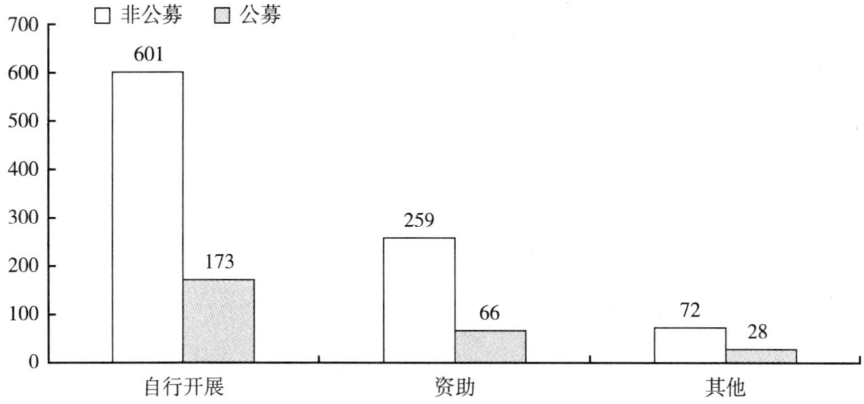

图 24　基金会开展项目的方式

不过尽管如此，随着整个公益领域的发展成熟，越来越多的基金会开始选择以资助的方式开展项目。另外，其他类型的社会组织也开始和基金会对接，但需要一个统一的、权威的对接平台。

（3）地域特色开始出现

除了基金会关注领域和运作方式开始多元化之外，各个地方的基金会也逐渐开始分化，形成自己的地域特色，比较典型的是北京、江苏、上海、广东等地的基金会。例如北京市的文化艺术及研究类基金会“扎堆”，江苏省有很多村一级的基金会，上海市的基金会在资产运作方面有着自身的特点等。这些地域特色和当地的社会环境、政策制度、经济状况、文化背景等密切相关。

前面已经提到过，基金会多元的背后是社会价值的多元。即使同样是帮助人，不同价值理念下的做法可能会不一样。基金会和政府体系的区别之一就在于基金会是使用资源来做其所认可的事。只要基金会不违背法律，保障了公益性和规范化，遵循捐赠人的意愿，对社会产生积极的效果而不是负面作用，那么，就需要社会给予基金会足够的尊重。不要用同样的标准来衡量基金会，不要认为某家基金会的做法就是唯一的标准答案，因为每家基金会面对的社会情境是不一样的。

当然，要给予基金会足够的尊重并不是说一味地去容忍基金会的种种不足甚至是“好心办坏事”的行为。基金会从自身的价值使命出发，最终要进入一个专业化地解决社会问题的轨道上。我们尊重不同基金会的多元价值，但是每一种价值如何有效地实现，不仅需要“善心”，还需要专业性。

3. “专业化”：基金会发展面临的关键环节

基金会的专业性是指其运用资源和技术手段实现社会目标的一种综合能力，对解决社会问题的效率、效力、效果等方面都起着举足轻重的作用。专业化已经成为越来越多的基金会发展所面临的关键环节。因为慈善不只是“给钱送物”，“善心”若运作不当的话可能产生“恶果”，好心办坏事的例子在公益领域并不少见。

例如目前教育是很多基金会关注的核心领域之一，很多基金会都选择图书捐赠等公益类项目。早期，一些组织的做法是纯粹捐书到贫困地区，很多基金会逐渐发现图书的使用率可能并不高，且有些书目的选择不是很合理。后来，越来越多的组织关注贫困地区儿童的阅读活动，培养儿童的阅读习惯，不仅仅是停留在书籍的捐赠上，而是真正通过阅读活动将知识和关怀传递给受助儿童。

越来越多的资助方不再仅仅关注钱是否可信地用到受助群体身上，他们也开始关注钱的使用“效果”。在一些行内论坛及交流会议上，“专业化”这个主题逐渐为参与者所重视。

一些基金会发现，在运作项目的过程中，往往需要两个方面的专业化能力。其一，是基金会所关注行业的专业知识技能，如儿童阅读、环境保护、老年照料等；其二，是基金会作为非营利组织所需要的非营利管理技术。非营利管理与政府管理、企业管理最重要的区别在于它是“没有权力”的管理。它没有政府所拥有的行政权力，也不能像企业那样纯粹用物质来诱导参与。非营利组织需要掌握动员人们参与、获取社会资源并实施有效管理等方面的技术。

专业化不是一蹴而就的，而是一个长期积累的过程。对于刚成立的基金会来说，可能需要几年的摸索积累甚至是“失败”才能够打造出自身的专业性。对于这部分探索中的组织，我们不应提出过于严苛的要求，而是要引导整个行业对于基金会专业性的重视和在这方面的交流学习成长。

中国基金会领域正在发展起步的初期，人们从各行各业进入公益领域，绝大多数都秉承着服务社会、实现自我的公益理念。在起步初期必然会面临种种困难，会暴露出或多或少的不足，但这只是暂时的和局部存在的。我们不要以偏概全，把少数基金会的不当行为认为是行业整体的状况，对于绝大多数基金会，希望我们能够给予其最基本的尊重、理解和支持。

分　报　告

Sub-Report

𝔹.2
民政部登记的基金会 2012 年发展报告

摘　要：

根据《基金会管理条例》（以下简称《条例》）的规定，基金会的登记管理机关为民政部和省级民政部门两级。目前，在民政部登记的基金会已经接近200家。与省级民政部门登记的基金会相比，这些基金会具有资金量大、内部治理完善、知名度高、社会效应显著等特点，是全国基金会的榜样。本报告结合2012年度检查情况，从发展现状、财务管理、内部治理、公益活动等方面对民政部登记的基金会进行了全方位的展示和剖析，并在此基础上提出一些规范基金会管理、促进基金会发展的意见建议。

关键词：

民政部　基金会　年度检查

对基金会实施年度检查是《基金会管理条例》（以下简称《条例》）的重要内容，也是法律赋予登记管理机关的重要职责。经过多年的实践，年检已经成为政府部门了解基金会情况、规范基金会行为、把握基金会发展脉络、引导基金会健康有序发展的重要抓手，已经成为基金会检查自身工作、发现自身问题、加强能力建设的重要途径，也成为基金会接受社会监督、确保公开透明的主要渠道。通过年度检查，各级民政部门全面详尽地掌握了所登记基金会的数量、内部治理、项目运作、增值保值以及基金会行业发展的趋势和面临的主要问题等重要信息。在此基础上，民政部门有针对性地运用多种手段对基金会进行监督管理和扶持，一方面不断提高基金会的自律意识，规范其行为，另一方面努力优化政策环境，促进基金会科学发展。

通过对年检中获取的信息进行梳理分析，现将民政部登记的基金会2012年的发展情况报告如下。

一　基本情况

《条例》实施以来，在民政部登记的基金会数量有了较大幅度的增长。2005年，参检基金会总数只有88家，到了2012年，参检基金会达到170家（不包括在民政部登记的由境外人士担任法定代表人的基金会及境外基金会代表机构）[①]，比2005年增长了93%。其中，非公募基金会数量的增长尤为迅猛，从2005年的17家增加到2012年的83家，增长率达到388%。基金会数量的快速增长，与我国经济社会的快速发展以及社会财富的不断积

① 民政部登记的24家境外基金会代表机构情况见分报告B.5。

累密切相关。从年检结论来看，实际参检的170家基金会中，合格的有153家，占90%；基本合格的有12家，占7%；不合格的有5家，占3%。与2011年相比，合格率提高了6个百分点。应该说，绝大多数基金会都能够严格遵守《条例》和章程的各项规定，真做公益，做真公益，整个行业已经步入法制化、规范化发展的轨道。

二　财务情况

与其他社会组织相比，基金会具有募集、运作、使用捐赠款物的特点。基金会的财务状况既是衡量其发展水平的关键指标，也是反映其社会影响力的重要因素。从2012年的情况来看，随着基金会数量的增长和开展项目的增加，基金会的财务状况呈现资产负债同步增长的态势，具体分析如下。

（一）总资产和净资产

据统计，2012年170家参检基金会的资产总和达到299.93亿元，比上年增长了14.85%。从表1中我们可以看出，基金会总资产达到1000万～5000万元或1亿元以上的占总参检数的75.88%。

表1　基金会总资产分布情况

序号	总资产范围(万元)	数量(家)	比例(%)	累计比例(%)
1	(0,100)	4	2.35	2.35
2	[100,500)	3	1.76	4.12
3	[500,800)	2	1.18	5.29
4	[800,1000)	5	2.94	8.24

续表

序号	总资产范围(万元)	数量(家)	比例(%)	累计比例(%)
5	[1000,5000)	71	41.76	50.00
6	[5000,8000)	17	10.00	60.00
7	[8000,10000)	10	5.88	65.88
8	[10000,)	58	34.12	100.00
合　计		170	100.00	—

进一步分析发现，基金会总资产的构成呈现以下特点：流动资产和长期投资是总资产中最重要的组成部分，二者之和已占总资产的97%以上，而固定资产、无形资产和委托代理资产只占很小的比例（见表2）。基金会总资产出现这一结构特征的原因在于，作为以从事公益事业为宗旨的非营利组织，募集资金对外资助是其主要任务，在开展业务时并不需要大型机器设备和厂房这样的固定资产，故以货币资金为主的流动资产占据了总资产的绝大部分，这一点与以生产经营活动为主的企业是有明显区别的。

表 2　基金会总资产构成情况

单位：万元，%

资产类型	总额	平均额	比例
流动资产	2362401.6	13896.48	78.77
长期投资	557292.3	3278.19	18.58
固定资产	73297.9	431.16	2.44
无形资产	1112.1	6.54	0.04
委托代理资产	5171.5	30.42	0.17
总资产	2999275.4	17642.79	100.00

公募基金会和非公募基金会的资产总额的平均值相当，分别是152.37亿元和147.56亿元，但是这两类基金会的资产分布格局并

不一样，公募基金会流动资产总额多，长期投资总额较少，固定资产也较多；非公募基金会长期投资总额远多于公募基金会，其他类资产总额则较少（见图1）。

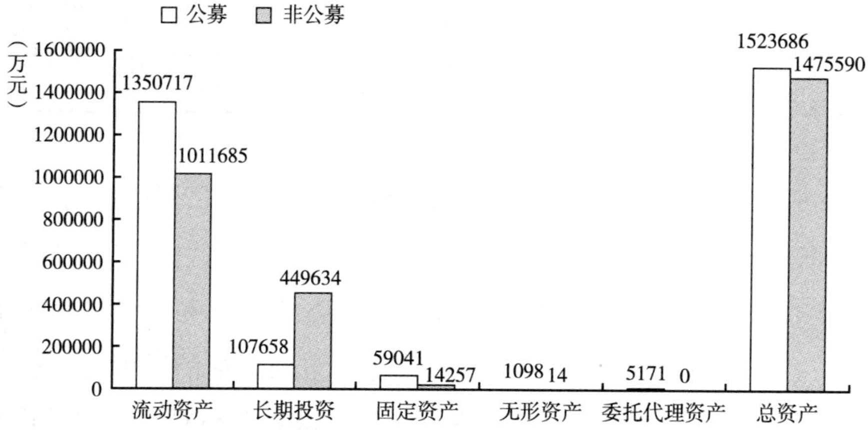

图1　公募和非公募基金会资产分类总额

（二）负债

2012年，参检基金会的总负债为23.23亿元。其中，流动负债为14.25亿元，占总负债的61.36%；长期负债为4.56亿元，占总负债的19.63%；委托代理负债为4.41亿元，占总负债的19%（见表3、图2）。

表3　基金会负债构成情况

单位：万元，%

负债类型	总额	平均额	比例	累计比例
流动负债	142520.2	838.35	61.36	61.36
长期负债	45600.0	268.24	19.63	81.00
委托代理负债	44132.9	259.61	19.00	100.00
总负债	232253.1	1366.20	100.00	—

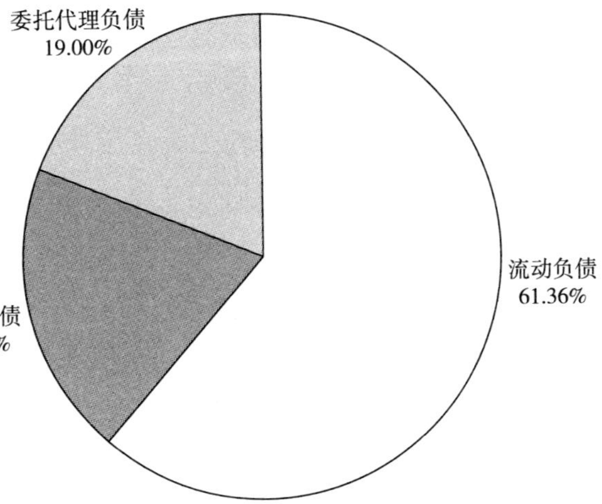

图2　基金会负债构成情况

(三)成本控制

基金会的营运成本始终是我们关注的重点指标。从2012年的数据来看，总支出为175.21亿元，运行成本为3.1亿元，占当年总支出的1.77%。

表4　基金会成本控制情况

单位：万元，%

成本类型	总额	平均额	比例
公益支出	1721052.80	10123.84	98.22
行政办公	15876.61	93.39	0.91
人员工资	12045.46	70.86	0.69
其他支出	3123.33	18.37	0.18
总支出	1752098.20	10306.46	100.00

值得注意的是，尽管成本控制对于提高基金会的公信力、确保尽量多的资金用于公益事业起到了积极作用，但在基金会快速发展

时期，迫切需要一些高学历、有经验的人士进入这个领域，引领基金会发展进入更高的层次。而要想吸引人才、留住人才，较为优厚的工资待遇是必不可少的，但这又与基金会的成本控制产生了一定的矛盾。因此，基金会如何处理好吸引人才和成本控制的关系也是登记管理机关以及基金会自身需要考虑的问题。

（四）收入构成

基金会的收入由捐赠收入、提供服务收入、商品销售收入、政府补助收入、投资收益等几部分构成。就 2012 年的数据而言，捐赠收入依旧是其主要收入来源（见表 5）。

表 5　基金会收入构成

单位：万元，%

收入类型	总额	平均额	比例
捐赠收入	1775248.80	10442.64	86.97
提供服务收入	9054.33	53.26	0.44
商品销售收入	0.00	0.00	0.00
政府补助收入	178733.50	1051.37	8.76
投资收益	51882.49	305.19	2.54
其他收入	26395.32	155.27	1.29
总收入	2041314.44	12007.73	100.00

三　公益活动情况

基金会是以公众利益为出发点，以服务公共需求为目标，从事公益事业的非营利性组织。2012 年，基金会的公益支出所涉及的领域涵盖教育、医疗、卫生、救灾、救济、创业就业、环保、法律等多个方面，取得了显著的社会效益。

（一）公益支出

2012 年，基金会公益活动支出总额约达到 172 亿元，每家基金会公益支出约为 1 亿元，比 2011 年增长 11.7%。从公益支出比例达标情况来看，公募基金会中公益支出比例低于 70% 的有 2 个，非公募基金会公益支出比例全部达标，公益支出比例是否达标已不再是基金会运作中的主要问题。

（二）公益项目

公益项目是基金会履行公益使命的直接途径和主要表达方式。从近几年的工作报告来看，基金会的公益项目主要集中在教育、社会福利、医疗卫生、创业就业等方面，具体情况如下。

1. 教育类公益项目

教育领域，特别是基础教育领域一直以来是基金会公益支出的重点。其中，中国青少年发展基金会围绕“希望工程”开展了“希望工程学校资助项目”“希望工程学生资助项目”，2012 年全年支出 2 亿多元，有效地解决了边远山区学生上学远、上学难、上学贵问题。还实施了帮助贫困学生上大学的“圆梦计划”，截至 2012 年底，受“希望工程圆梦行动”资助的大学生已达 39.7 万人，资助金额达 16 亿元。中国扶贫基金会启动了“新长城特困大学生自强项目”“筑巢行动”“爱心包裹”和“爱心厨房”等项目，全年支出 1.9 亿元，使 44.8 万名学生受益。中国教育发展基金会 2012 年公益支出 9.5 亿元，开展了助教助学等计划。神华公益基金会开展“神华爱心书屋”及奖助学项目共支出近 5000 万元。清华大学教育基金会、北京大学教育基金会等教育类基金会主要开展了资助学校基础设施建设、提供科研项目经费、发放奖教学金等活动。

2. 社会福利类公益项目

社会福利领域涵盖孤寡老人、孤儿、残疾人等特殊社会群体，基金会在此领域的公益支出在一定程度上体现了中华民族大家庭的温暖，促进了和谐社会的构建。中国儿童少年基金会开展了“日照儿童安康家园基金”项目，安置了700多名孤困儿童临时过渡学习生活。中国残疾人福利基金会支出3.20亿元开展了“助听”“助行”“启明”等针对残疾人的关爱项目。中华思源工程扶贫基金会开展了“思源爱的分贝”项目，为听力障碍儿童提供支持、救助，着力于对贫困聋儿进行听力测试、人工耳蜗植入、听力恢复训练。中国老龄事业发展基金会开展了以“敬老、爱老、助老”为主题的系列活动，实施了“爱心护理工程”“幸福养老大课堂”等项目。

3. 医疗卫生类公益项目

卫生健康类公益项目是基金会公益支出的传统领域，这些项目有助于缓解贫困人口看病就医的压力，在一定程度上减少了“因病致贫”“因病返贫”的现象。其中，中华慈善总会实施了慈善医疗阳光救助工程，启动了旨在消除唇腭裂患者痛苦的“微笑列车”项目。中国红十字基金会出资近2亿元开展了“红十字天使计划”“小天使基金”“天使阳光基金”等项目，使8200多名白血病、先心病患儿和患病贫困农民受益。神华公益基金会为近4000名白血病、先心病患者提供了资助。中国妇女发展基金会实施了“母亲水窖”“母亲健康快车”等公益项目。中国初级卫生保健基金会开展了“中国健康扶贫工程”，为农村妇女免费进行妇科病普查，惠及80000余人。

4. 创业就业类公益项目

中国妇女发展基金会帮助贫困妇女特别是下岗女工创办个体企

业，实现脱贫致富。中国扶贫基金会累计发放农户小额贷款49万多笔，共计36亿多元，使150多万贫困人口直接受益。中国青年创业就业基金会资助中西部地区1815个青年组织开展青年创业。瀛公益基金会截至2012年底，累计扶持创业企业近7000个，为社会净增就业岗位90000多个。

四　内部治理情况

内部治理结构的合理，直接关系到基金会决策的科学性、合理性以及发展的可持续性。为此，基金会需要合理设置组织架构，建立健全理事会的民主决策机制，保障监事的独立监督权利，规范内部管理，建立起民主讨论、科学决策的高效工作机制。

（一）基金会理事基本情况

基金会建立起理事长负责，理事会集体决策，理事、监事各负其责的民主议事制度，有助于优化基金会的决策体制，提高自我管理的能力。《条例》规定基金会理事的数量在5～25人之间，从2012年年检的情况来看，基金会理事数量分布比较均匀（见表6、图3）。

表6　基金会理事会分布

单位：人，家

<table>
<tr><th>理事会人数分布</th><th>基金会数</th><th>理事会人数分布</th><th>基金会数</th></tr>
<tr><td>5～10</td><td>47</td><td>21～25</td><td>41</td></tr>
<tr><td>11～15</td><td>45</td><td rowspan="2">合　计</td><td rowspan="2">169</td></tr>
<tr><td>16～20</td><td>36</td></tr>
</table>

资料来源：中华慈善总会没有纳入统计范围。

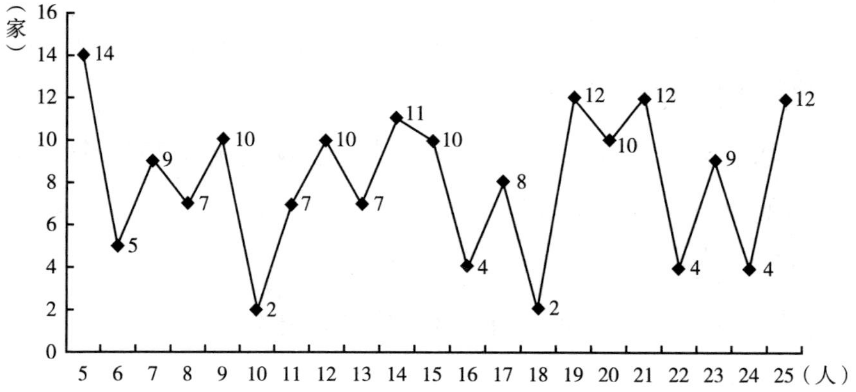

图3　基金会理事分布情况

除中华慈善总会之外，169 家基金会一共有理事 2528 人，平均每家基金会理事 14.96 人。

（二）负责人基本情况

基金会负责人由理事长、副理事长、秘书长构成。据统计，2012 年基金会负责人总数为 739 人，平均每家基金会有 4.35 人。

（三）理事会召开情况

定期召开理事会议有助于形成民主、科学的决策，营造民主议事的氛围。从统计数据来看，2012 年度有 24 家基金会没有按时召开会议或召开会议因参会理事数未达到法律规定的人数而无效，有 10 家基金会的理事会无监事参会，其中有 3 家基金会没有召开过理事会。与 2011 年相比，监事不履行职责情况、理事会不规范现象仍然很严重。

（四）发行刊物、网站建设情况

基金会，特别是公募基金会为了获得更多的资金支持，提升其获得捐赠的能力，需要一定的窗口进行宣传。发行刊物、建立基金会的网站等都有助于公众及捐赠人全面了解基金会，从而提高基金会的透明度，增强基金会的公信力，提升其获取捐赠的能力。据统计，2012年度有18家基金会公开发行了刊物，占总数的10.59%；有41家基金会发行了内部刊物，占总数的24.12%；还有111家基金会未举办刊物，占总数的65.29%（见图4）。在网站建设方面，建立网站的基金会有140家，占参检基金会总数的82.35%。

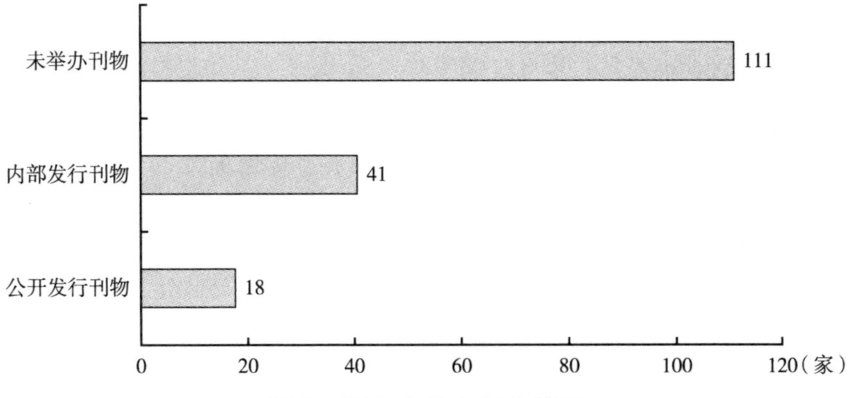

图4　基金会举办刊物情况

（五）志愿者使用情况

志愿者在公益活动中起着越来越重要的作用。发动志愿者加入基金会的公益活动中，有助于扩大基金会的社会影响力，减少基金会的非公益开支，激发民众参与公益事业的热情，从而促进整个社会公益事业的发展。由于基金会的类型以及业务范围的不同，其动员志愿者的能力和情况存在相应差异。具体情况见图5。

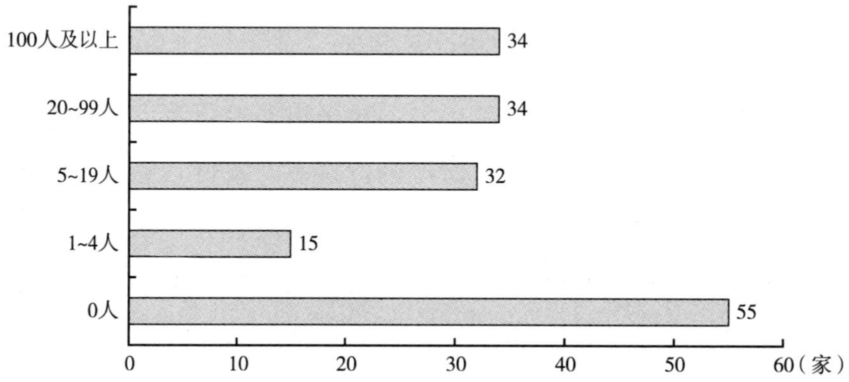

图5　志愿者使用情况

（六）设立分支、代表机构情况

具体情况见表7、表8、表9。

表7　设立分支、代表机构整体情况

单位：个

序号	设立类型	共设机构数量
1	设立分支机构	89
2	设立代表机构	18
合　计		107

表8　分支机构数量分布情况

序号	设立分支机构数量范围(个)	基金会数量(家)	比例(%)
1	0	149	87.65
2	[1~5)	15	8.82
3	[5~10]	5	2.94
4	>10	1	0.59
合　计		170	100.00

表 9 代表机构数量分布情况

序号	设立代表机构数量范围(个)	基金会数量(家)	比例(%)
1	0	163	95.88
2	[1~5)	6	3.53
3	[5~10]	1	0.59
4	>10	0	0.00
合　计		170	100.00

五 总结和思考

（一）存在的问题

开展 2012 年度检查工作前，民政部在往年的基础上对基金会年度工作报告进行了修改，旨在强化对基金会保值增值、关联交易、信息公开以及内部制度的规范。首先，对基金会委托理财行为的披露提高了要求，除了明确理财机构资格，还要求披露委托理财的具体明细。其次，对关联方及其交易的披露也提高了要求，要求列出关联方的名单、关联交易的对象、内容和具体金额、关联债务债权的对象和具体金额等。同时，也要求基金会对应收、应付及预付款对象和金额进行填报和披露。此外，更加关注基金会的信息公开和内部制度建设情况，并要求在健全制度的前提下对此也进行了披露，包括工作人员工资福利、行政办公支出、项目运行成本，以及资产管理及处置的支付标准、列支原则与审批程序等。对比以往的年度检查情况，可以看出我国的基金会正处于上升期和成熟期。但仍然有一些老问题没有得到根本解决，同时一些新的问题也在不断出现，大致可以归纳为以下几个方面。

1. 项目管理水平仍需提高

检查中发现，个别基金会不重视或根本没有意识到项目管理的重要性，在项目管理方面存在许多不足和漏洞。一是没有制定相应的管理制度，或者即便是有制度，也存在着内容不完整、不具备操作性、不符合国家政策法规等问题。如有的基金会制定的《项目管理办法》中未明确与项目直接相关的运行成本的支付标准、列支原则、审批程序等内容；有的制度未规定项目执行方产生方式及程序，在实际执行过程中无规可循。二是存在项目决策程序不规范、项目运作过程及资金的控制和监督不严、项目档案不完整等问题。如有的基金会在项目的决策和立项环节，由于前期论证不充分，因此项目执行过程中出现资金缺口，最终导致项目未能达到预期目标；有的基金会未及时取得有关受益人筛选、受助与否等资料，或者将项目实施资料保存在项目执行方，从而导致项目资料不完整。三是在项目执行方和受益人的选择方面未能遵循公开、公平、公正的原则。如有的基金会不参与项目执行方与受益人的选择，或话语权非常弱，完全由捐赠人或业务主管单位进行指定；有的基金会未向社会公众公布项目申请程序、遴选标准等相关信息。这些都可能导致项目公益性的降低。四是对项目资金使用情况的监管力度有待加强。年检中发现。有个别基金会由于人力有限和节约经费等原因，忽视了对项目资金使用情况的后续监管，在完成资金拨付后没有定期回访和检查，出现了项目资金滞留于项目执行方的问题。

2. 非货币资产价值认定依据有待明确

近年来，基金会接受实物捐赠的比例逐年增加，涉及衣、食、住、行、用、药等多个方面。在接受实物捐赠过程中，最为复杂的环节在于实物价值如何确定。尽管《民间非营利组织会计制度》规定，实物捐赠的价值认定以“公允价值”为依据，但在实际操作中，公允价值的确认很难实现。检查中发现，绝大部分基金会接受实物捐赠能够取得捐赠方提供的发票、第三方销售证明或购货合同等公允价值证明文件，相对来说公允价值的确认是比较规范的。但仍有部分基金会存在实物捐赠公允价值确认依据不足的现象，有的基金会甚至仅凭捐赠方的单方说明就确认捐赠价值。如某基金会接受了一笔服装捐赠，并按照服装标牌价格的 4 折确认捐赠收入。对该基金会进行审计的会计师事务所认为，由于服装的价格随着季节不同变动幅度非常大，尤其是时装，有时即使低至 1 折也无人问津。因此，基金会按照标牌价格的 4 折确认捐赠收入，其价格并不一定公允。此外，检查中发现，有部分基金会未对本组织的实物资产建立库存管理制度，存在实物资产未进行存货管理、入账不及时、存放于捐赠方而无实质性的资产移交手续、未经基金会验收确认而由捐赠人直接转移给受助人或者其他第三方等问题。

3. 专项基金管理亟待规范

越来越多的基金会开始通过设立专项基金来募集资金、开展活动。这些专项基金在规模、存续时间、管理方式等方面存在诸多差异，有的是基金会资产的一种分类，有的是一个项目的独立核算资金，有的还由专门的机构和人员负责。总的来看，民政部登记的基金会对专项基金的管理较为规范，绝大部分基金会都制定了专项基金管理办法，将专项基金的工作纳入基金会统一的管理之中，确保了专项基金按照基金会的要求合法合规开展活动。检查中也发现，有个别基金会对专项基金的管理还不到位，主要存在下列问题：一是专项基金的财务收支未纳入基金会统一管理。根据规定，基金会设立的专项基金不得独自开立账户，以专项基金名义筹募的款物应当统一纳入基金会账户进行管理。但检查中发现，在某基金会成立的 6 个专项基金中，有 4 个单独开立了银行账户，且财务收支未纳入基金会统一核算。二是专项基金以自身名义开展活动或直接对外签署合同。专项基金作为基金会的组成部分，应当明确自身定位，不应也没有权利独自开展活动或签署协议。但年度检查结果显示，有部分基金会设立的专项基金，不仅在对外宣传及开展活动时以独立法人的身份出现，而且在签署协议时也没有使用基金会的名义和印章，而是以自身名义签署。这种行为很容易使社会公众误解，也容易造成基金会对专项基金管理失控，不利于基金会的品牌建设。三是有些基金会下设多个专项基金，只约定收取管理费，却未对专项基金进行过程跟踪，也没有建立风险控制机制，而任其自由发展。监管职责的缺失，致使有的专项基金开展项目不规范，有的甚至成为借公益之名牟利的幌子，严重损害了基金会整体公信力。

4. 资产安全问题日渐突出

虽然大部分基金会在保值增值方面以“保值”为主，但仍有部分基金会的投资行为风险极大，且未按照《基金会管理条例》的规定履行必要的决策审批程序，或是在投资过程中疏于监督管理，导致出现损失或潜在损失。如某基金会章程规定，100 万元以上的投资活动须经 2/3 以上理事表决通过方能开展。但审计发现，该基金会一笔高达 300 万元的长期债券投资并未按照章程规定执行理事会决策程序，而仅由理事长一人审批后即开展。

5. 信息公开水平仍有很大提升空间

近年来，随着公益事业的快速发展和新媒体技术的普及，社会公众对基金会的关注度日益提高，基金会不断加大信息公开力度，以满足社会公众的合理期待。在 2012 年的年度工作报告中，就专门大幅增加了有关基金会信息公开的内容。从填报的情况看，绝大部分基金会都能够按照《条例》《基金会信息公布办法》和《关于规范基金会行为的若干规定（试行）》的要求，履行了法律规定的信息公开义务，并且在此基础上，公开的内容趋于丰富。例如，除了在指定的媒体上公布年度工作报告外，还有约40%的基金会在媒体上公布了开展募捐、接受捐赠和项目收支明细等内容，有的基金会披露了与关联方之间发生关联交易的各项具体细节。报告中还特别披露了基金会之间互相进行捐赠的情况。在对20余家基金会的抽查审计中，发现这些基金会接受了来自其他基金会的捐赠共计4.39亿元，占接受捐赠总额的13%；而这些基金会在接受其他基金会捐赠的同时，也作为捐赠方向其他基金会资助了0.72亿元，占公益支出总额的2.4%。但信息公开中也存在着不够全面、不够详细、不够及时等问题，与公众的合理期待尚有距离。

（二）几点思考

随着我国公益事业的不断发展和全社会公益意识的不断增强，基金会越来越受到公众和舆论的重视和关注，有时甚至成为社会公共话题的焦点。社会的重视和关注，为基金会发展提供了更加宽阔的舞台，吸引了更丰富的资源，也为基金会的自我完善提供了动力。但与此同时，由于对基金会的性质和发展状况的了解还不够全面，某些片面的认识和不够理性的言论也给基金会的发展造成了一定的负面影响。对此，我们应当以一种客观公正的心态，理性看待基金会所做出的贡献和存在的不足。根本目的还是要充分挖掘基金会等公益慈善组织的潜力，使它们在社会治理中发挥更加重要的作用。

首先，我们应当充分肯定改革开放以来我国基金会取得的成绩和做出的贡献。过去三十多年，基金会这类组织从无到有，数量和规模迅速增长，运作机制日趋科学，管理体制不断完善，功能作用逐渐发挥，社会影响力日益增强。每年数以百亿元计的公益资金投入社会，有力地支持了我国教育、科技、医药、卫生、文化、艺术、扶贫、环保等社会公益事业，减轻了财政负担，为完善公共服务、传播公益理念、培育慈善文化和促进社会和谐进步做出了积极贡献。特别是在重大自然灾害的救援和灾后重建中，广大基金会能够充分发挥自身优势，积极开展对灾区困难群众的救助和服务，成为灾害救助的生力军，彰显了公益慈善组织的责任和价值。

其次，我们也要正视我国基金会发展中存在的问题和不足。我国基金会尽管有了长足发展，但总体上仍处于初级阶段，在内部治理、组织建设、资金筹集、项目运作、公益资源使用效率和公信力建设等方面还存在许多问题和不足，与经济社会发展的需要和社会公众的合理期待之间还存在一定的差距。近几年在社会上引起广泛关注的一系列公益热点事件，正是这些问题和不足的集中反映。这些问题和不足既有基金会自身的原因，也有全社会思想观念、体制机制、法律法规、政策措施等外部原因。只有通过基金会、政府部门、新闻媒体、社会公众等方方面面的共同努力才能加以解决。一方面，基金会应当不断加强能力建设，着力增强服务意识，积极回应捐赠人、受益人、社会公众和新闻媒体的合理关切。另一方面，政府部门应当全面深入研究制约基金会健康发展和作用发挥的因素，推动改革创新。此外，新闻媒体应当发挥好宣传和监督的作用，更加注重宣传报道的客观、理性，为基金会发展营造良好的舆论环境。同时，社会公众的监督和问责也将是基金会改革和前进的重要推动力。

再次，应当坚持培育发展和管理监督的辩证统一。对我国基金会而言，发展是前提，建设是核心，培育与监管是基本手段，作用发挥是根本目的。因此，应当坚持把发展作为第一要务，遵循发展规律，创新发展理念，破解发展难题，通过良性竞争机制实现基金会的优胜劣汰，提升整体素质，着力解决基金会发展中不平衡、不协调、不可持续的问题，逐步实现基金会的数量、规模、结构、功能与我国经济社会发展需要相适应。

总之，政府部门应当坚持把内部治理和组织建设作为基金会工作的中心任务来抓，引导基金会建立现代治理结构，健全监督和激励机制，加强人才队伍建设，提高公益服务能力，促进其做优做强。具体而言，就是一手抓培育扶持，一手抓管理监督，既努力完善资金支持、税收优惠、社会保障等政策措施，加大培育扶持力度，帮助基金会解决发展中遇到的难题，又要完善法律监督、政府监督、社会监督和自我监督相结合的基金会监管体系，规范基金会行为，引导基金会提高自律性、诚信度和公信力，实现又好又快发展。在推进有关事业时为基金会留出空间，提供资源，支持其在社会服务、社会福利、公益慈善等相关领域发挥作用。

B.3
上海市基金会发展报告（2005～2012）

摘　要：

上海市基金会指在上海市民政部门登记的地方性基金会。近年来，上海市基金会发展迅速。本报告从数量、结构分布、资产、收支、人员队伍建设、信息公开等维度对上海市基金会发展现状进行呈现。报告着重分析了“十一五”以来上海市基金会的发展轨迹，概括了上海市基金会的发展特点，总结了政府在基金会培育监管方面的经验和做法，剖析了基金会发展面临的主要挑战，并提出了促进基金会发展的对策。

关键词：

上海　基金会　发展

“十一五”以来，上海市认真落实《基金会管理条例》，注重制度创新，注重政策扶持，注重监管引导，注重功能发挥，基金会总体呈现快速、稳健、规范的发展态势，发展水平位居全国前列。截至2012年底，全市已经成立基金会140家[①]，总资产突破百亿元，数量较“十一五”之初增长近1.2倍，资产增长2.3倍。

本报告主要通过采集2012年度等年检数据，着重分析了“十一五”以来上海市基金会的发展轨迹，概括了全市基金会的发展

① 其中有128家基金会参加2012年年检。

特点，总结了政府在培育监管方面的经验和做法，剖析了基金会发展面临的主要挑战，并提出了促进基金会发展的对策。

一　基本情况

（一） 数量情况

截至2012年底，全市登记成立的基金会共有140家，较2005年的65家增加75家，年均增长率达到11.58%，是上海市三类社会组织（社会团体、基金会、民办非企业单位）中发展最快的（见图1）。

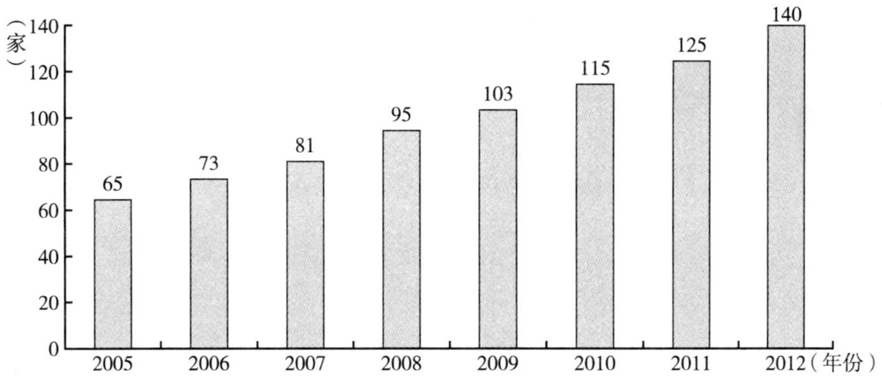

图1　基金会历年增长数量

（二）结构情况

1. 按基金会性质分类

全市140家基金会中，公募基金会有49家，占比35%；非公募基金会有91家，占比65%。“十一五”以来，公募基金会数量比较稳定，从43家发展到49家，只增加了6家；非公募基金会增长快速，数量从16家发展到91家，增长了4.7倍，年均增长率达54.4%（见图2、图3）。从2006年开始，上海市非公募基金会在数量上超过了公募基金会。尤其是近年来，一些有影响力的企业，特别是有些民营企业家，基于企业社会责任意识的提高和慈善法人化，纷纷成立非公募基金会，从原来的捐赠人转变为基金会法人。

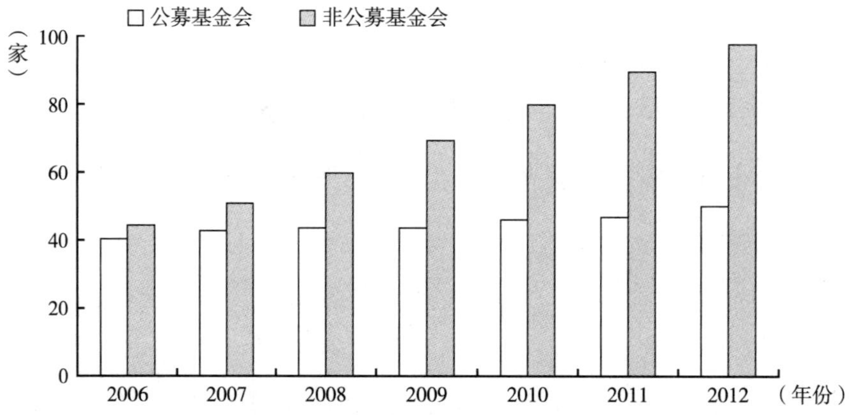

图2　各类基金会数量情况

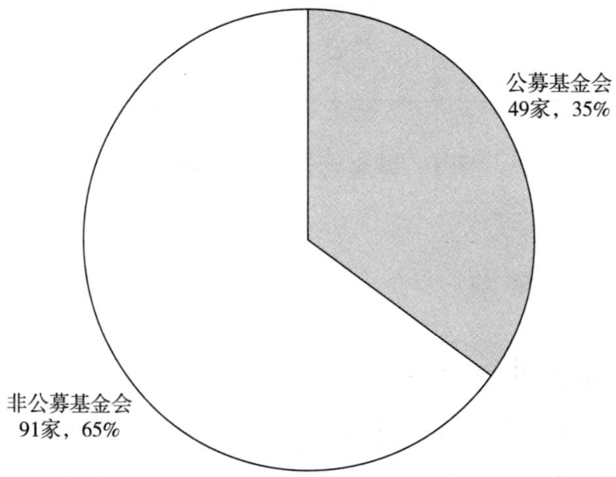

图3　各类基金会占比情况

2. 按基金会功能分类

主要有募集型、运作型、募集运作综合型，其中90%以上为以运作自身项目为主的募集运作综合型基金会。近年来已经出现了以支持基金会能力建设为宗旨的技术支持型基金会、以募集资金资助其他社会组织运作项目为宗旨的公募基金会，以及以服务街道社区居民为宗旨的社区类公募基金会。上海市基金会已经初步形成较为完整的公益生态链，有支持型和研究型的基金会，也有募集型和运作型的基金会。

（三）领域分布情况

按照国民经济的行业分类标准，上海市基金会以社会服务领域和教育领域为主，这两类占据基金会总数的近七成。其中社会服务类约占37%，教育类约占31%，其他依次是文体、卫生、科学研究、工商服务和生态研究，共约占社会组织总量的32%（见图4）。

从领域分布情况看，上海市基金会发展呈现如下特点。

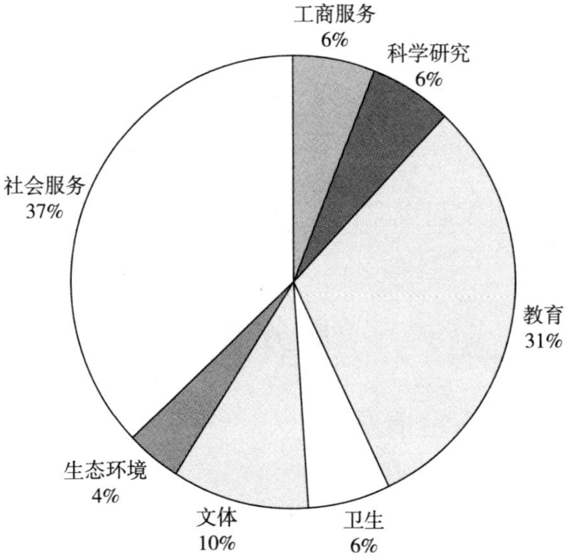

图4　上海市基金会分布领域

1. 领域不断拓展

基金会领域已从传统的安老、扶幼、助学、济困、助医、助残、救灾等慈善领域逐步拓展到科技、教育、文化、环境保护、拥军优属、法律援助、心理辅导、司法矫治、城市遗产保护、政策研究、行业支持等公益领域，有些填补了我国基金会领域的空白，呈现全面发展的态势。如上海阮仪三城市遗产保护基金会就是全国唯一的从事城市遗产保护的基金会。

2. 社会服务和教育领域发展较快

上海民政部门积极推进社会组织登记管理制度先行先试改革，集登记管理和业务主管双重责任于一身，为那些找不到业务主管单位的基金会承担业务主管单位的责任，引导其向服务民生的方向发展。教育类基金会发展方面，在“中央级高校捐赠收入财政可以配比资金”的国家鼓励政策下，目前上海的中央级普通高校100%成立了基金会。

3. 经济类基金会崭露头角

依托上海“四个中心”建设战略，特别是在“金融中心”的背景下，经济领域的各种基金会独树一帜，逐渐发展起来。如上海市现代服务业发展研究基金会是以资助现代服务业新型项目、开展交流与合作为宗旨的基金会。国泰君安基金会和上海民生艺术基金会都是由上市公司发起设立的基金会。

二　财务情况[①]

（一）原始基金情况

截至2012年底，上海市基金会的注册原始基金共计21.72亿

① 该部分数据为年检数据，共有128家基金会参加年检。

元。原始基金在1亿元以上的基金会有5家（见表1），占基金会总数的3.9%；在1000万元以上的有34家，占基金会总数的26.6%；平均每家原始基金为1400万元。

表1　上海市原始基金过亿元的基金会

单位：亿元

排序	基金会名称	原始基金
1	上海市慈善基金会	4.6
2	上海市拥军优属基金会	2.6
3	上海市教育发展基金会	1.4
4	上海市公安金盾基金会	1.1
5	上市工商界爱国建设特种基金会	1.0

（二）总资产情况

截至2012年底，上海市基金会总资产为102.48亿元，其中公募基金会总资产为64.44亿元，非公募基金会总资产为38.04亿元。有19家基金会的总资产超过亿元（见表2），占基金会总数的14.8%。平均总资产为8006万元。基金会总资产从“十一五”初期的31亿元增长到目前的102.48亿元，年均增长率为28%。上海市慈善基金会是上海第一个总资产超过10亿元的基金会，资产总额达到18.85亿元。

表2　上海市总资产过亿元的基金会

单位：亿元

排序	基金会名称	总资产
1	上海市慈善基金会	18.85
2	上海市大学生科技创业基金会	8.35
3	上海民生艺术基金会	8.06

续表

排序	基金会名称	总资产
4	上海交通大学教育发展基金会	7.14
5	上海市拥军优属基金会	6.17
6	上海宋庆龄基金会	5.01
7	上海市体育发展基金会	4.31
8	上海市老年基金会	3.61
9	上海汽车工业科技发展基金会	3.29
10	上海文化发展基金会	2.56
11	上海市教育发展基金会	2.50
12	上海市工商界爱国建设特种基金会	2.05
13	上海复旦大学教育发展基金会	2.52
14	上海唐君远教育基金会	1.83
15	上海同济大学教育发展基金会	1.20
16	上海公安金盾基金会	1.43
17	上海市青少年发展基金会	1.14
18	上海市民帮困互助基金会	1.06
19	复旦管理学奖励基金会	1.03

（三）净资产情况

截至2012年底，上海市基金会净资产为93.59亿元，负债为8.89亿元，净资产率在91%以上，负债率不足9%，表明基金会资产结构优良。在基金会净资产中，流动资产占52%，固定资产占4%，长期投资占44%，表明基金会资产流动性好、增值保值意识强。流动资产中，货币资金占54%，短期投资占29%，表明基金会货币资金在位率高、安全性高和防风险意识强。总体上看上海市基金会资产优良，具有变现能力强、债务风险小、资金安全性强、注重增值保值等特点（见图5、图6、图7）。

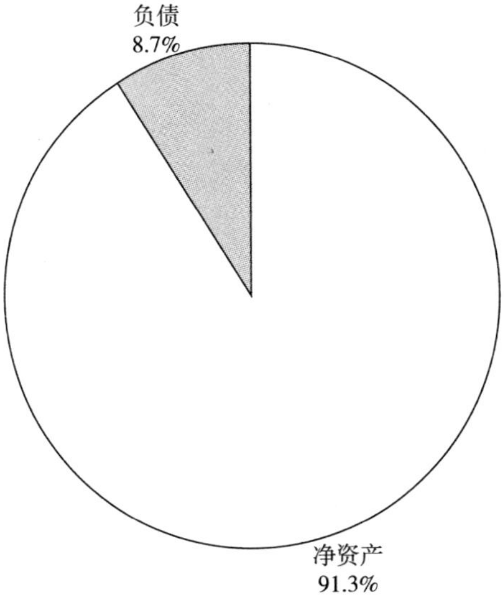

图5　上海市基金会总资产构成

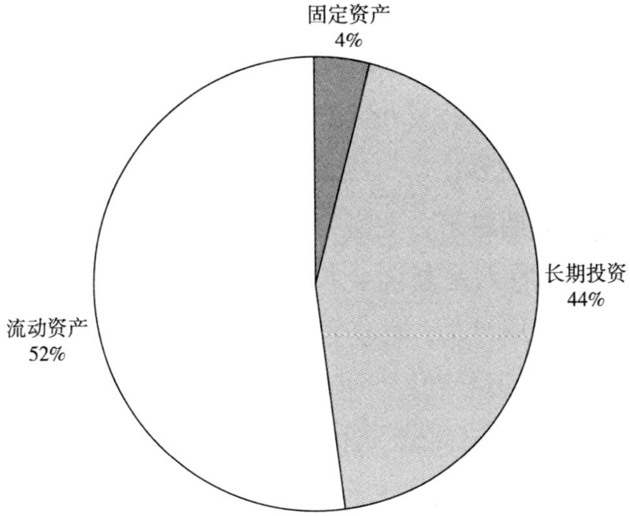

图6　上海市基金会净资产构成

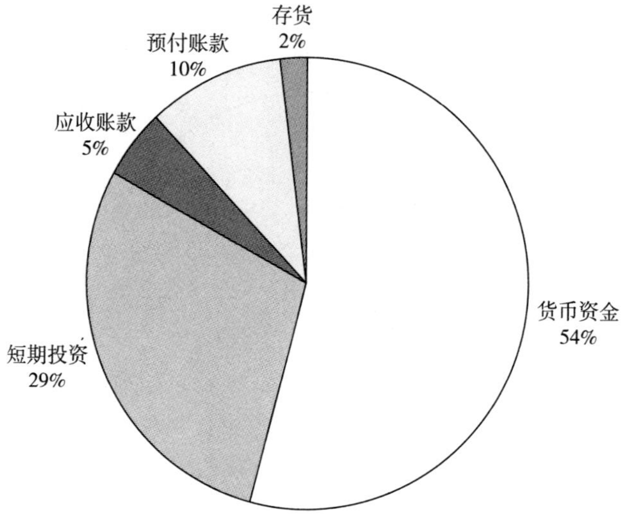

图 7　上海市基金会流动资产构成

（四）收入情况

2012 年度，上海市基金会年度总收入为 26.05 亿元，其中捐赠收入为 19.66 亿元，占比 75%；政府补助收入为 3.17 亿元，占比 12%；投资收入为 2.32 亿元，占比 9%；服务收入为 1517 万元，占比 1%（见图 8）。

"十一五"时期以来，上海市基金会收入主要有以下特点。

1. 社会捐赠收入是基金会收入的主渠道

"十一五"时期以来，社会捐赠收入占总收入的比重逐年稳步增长。2006 年股市虽然利好，捐赠收入也仅占 30% 左右。2008 年因汶川地震，捐赠收入剧增。2005～2012 年，捐款收入由 9.53 亿元上升到 19.7 亿元，捐赠收入占总收入的比重由最低的 10% 上升到近 80%（见图 9）。

2. 政府扶持力度较大

近几年，政府购买服务收入和政府补助收入呈现增长态势，2012

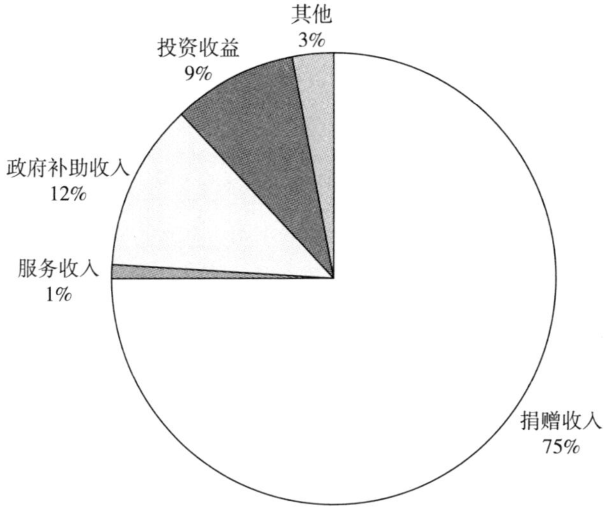

图8　2012 年上海市基金会收入状况比例

年政府补助收入占基金会总收入的比例达到 12%，表明各级政府重视基金会工作，扶持力度较大，比重也高于全国平均水平。根据 2011 年年检数据，全国基金会政府补助收入平均只占总收入的 6.4%。

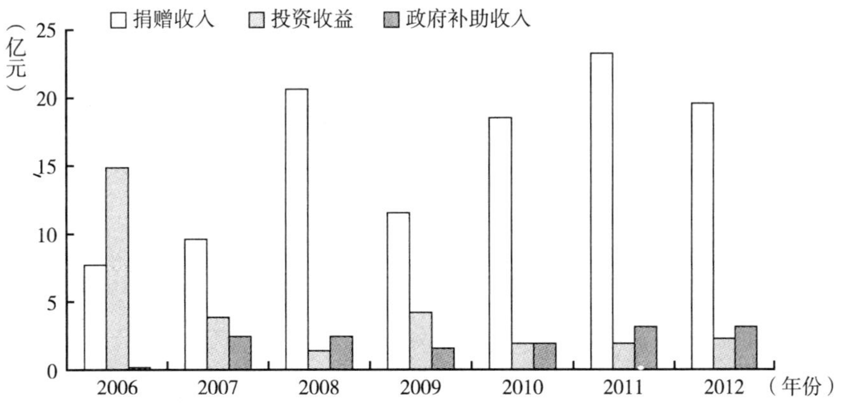

图9　捐赠收入、投资收益、政府补助收入分布

3. 投资方式较为稳健

2012 年，上海市基金会的投资收益为 2.32 亿元，占基金会总收入的9%，约30%的基金会开展了投资。有些基金会投资收益率超过12%。近5年上海市基金会年均收益率在5.8%左右（见图10），高于同期银行存款利率，也高于全国平均水平。2011年全国基金会投资收益占总收入的比例仅为1.79%。2006年是上海市基金会投资收益最高峰年，达到了14.8亿元，收益率高达58%左右，投资收入占基金会总收入的62%。但是从2007年开始逐年锐减，由此可见基金会投资收益与国内外经济形势密切相关。上海市基金会在投资项目上，多数采取了稳健的、多元化的投资策略，主要以委托理财、申购新股、购买开放式基金、投资实业、购买国债居多，较少涉及房地产、股票投资等投资项目。

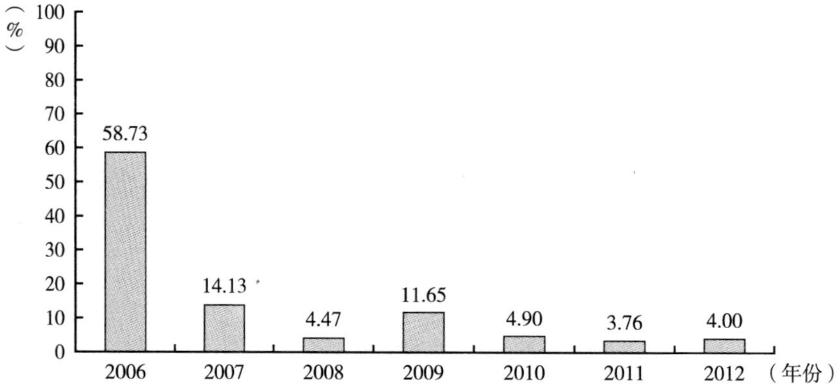

图10　基金会投资收益率

总体而言，由于我国基金会的发展时间普遍较短，资本运作经验不足，缺乏专业的投资人才，以及投资市场尚不完善、投机性强等，因此基金会投资收益率普遍不高。

（五）支出情况

2012年，上海市基金会总支出为16.58亿元，其中公益支出为15.71亿元，占比94.75%；工资福利和行政办公支出为6439万元（工资福利支出为3384万元，行政办公支出为3055万元），占比3.88%；其他支出为2248万元，占比1.36%（见图11）。公益支出（15.71亿元）中，公募基金会支出11.03亿元，为上年度总收入的76.4%，高出规定达标比例（70%）6.4个百分点；非公募基金会支出4.68亿元，为上年度基金会基金余额的17.3%，高出规定达标比例（8%）9.3个百分点。

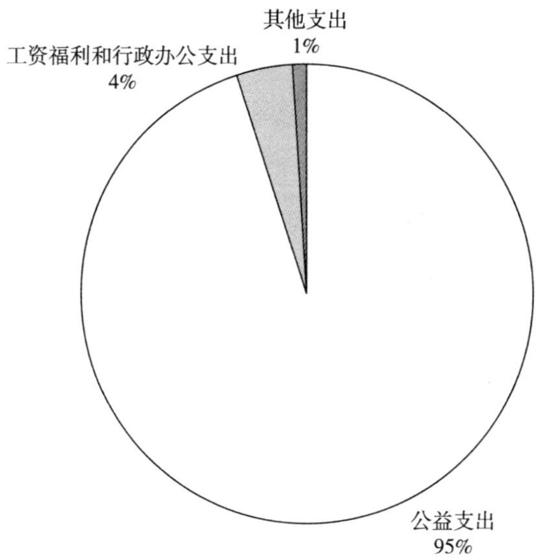

图11　基金会支出分布

“十一五”时期以来，上海市基金会支出情况主要有以下特点。

1. 公益成本效率高

以2012年度为例，基金会公益支出与工资福利和行政办公支出比为25∶1，即基金会以1元的成本，做了25元的公益。

2. 公益支出达标率呈上升趋势

“十一五”初期，上海市公募基金会公益支出比例的达标率是

66%，非公募基金会的达标率是90%。到了2012年，公募基金会和非公募基金会的公益支出比例达标率均达到了90%。公募基金会的公益性增长明显，而非公募基金会的公益支出比例一直维持在较高水平（见图12）。

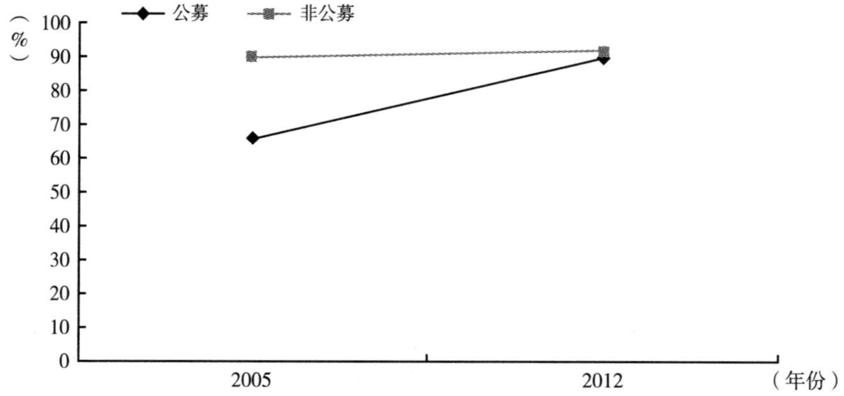

图12　基金会公益支出达标率

3. 工资福利和行政办公支出控制较严

“十一五”初期，基金会工资福利和行政办公支出的达标率只有40%。到了2012年，工资福利和行政办公的达标率达到了80%左右，达标基金会增加了近1倍（见图13）。

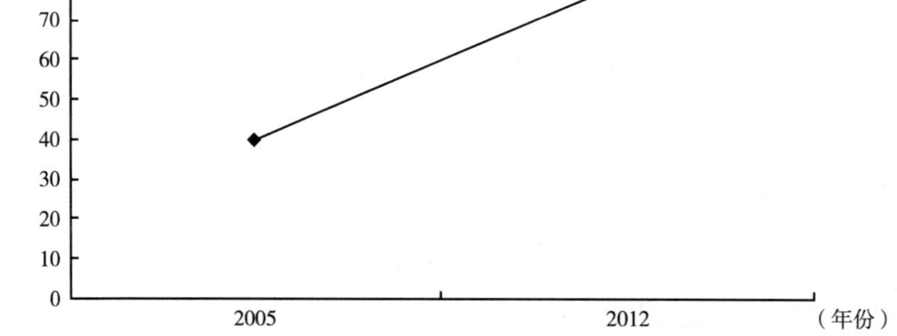

图13　工资福利和行政办公支出比例达标率

三　基金会公益功能发挥情况

2012 年，上海市基金会公益支出达 15.71 亿元，受益群众达 400 余万人次，涉及公益项目 3027 个。其中教育类项目 1164 个，占比 38%；社会救助类项目 659 个，占比 22%；文化类项目 577 个，占比 19%（见图 14）。

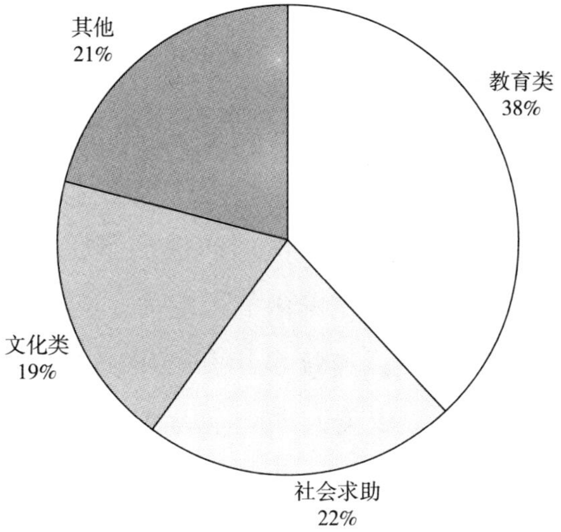

图 14　基金会公益项目分布

“十一五”时期以来，上海市基金会公益事业涉及社会各个方面，关系千家万户，极具社会影响力。基金会作为第三次社会分配的主力军，在回应社会需求、提供社会服务、缓解社会矛盾、促进社会公平、倡导正确价值观等方面作用显著，是政府很好的合作伙伴。

1. 社会保障体系中的补充作用好

上海市基金会通过吸纳社会资源，扩大公共服务，发挥了拾遗补缺的重要作用，尤其是对政策不能覆盖的边缘困难群众的帮扶作用更为明显。仅 2012 年，上海慈善基金会在助学、助医、助困等项目方面的资助金额就达 5.26 亿元，受益群众达 104 万人次（户）。上海市民帮困互助基金会主动替政府分忧，积极为政府日常救助政策边缘的社会特殊困难群体提供应急性、临时性救助，年度共支出帮扶资金 7630 万元，帮扶对象达 3.9 万人次。

2. 社会管理中的承接作用大

在“党委领导、政府负责、社会协同、公众参与、法治保障”的社会管理新格局中，上海市基金会积极发挥作用，逐步成为政府的得力助手。在拥军优属方面，上海市基金会坚持对“三属”（烈士家属、因公牺牲军人遗属及病故军人遗属）子女的助学进行投入。同时，长期资助驻沪部队的官兵完成学历教育，并对驻沪部队军人家庭进行补助。上海阮仪三城市遗产保护基金会在澳大利亚、加拿大和中国台湾等地进行“中国遗产保护巡展”，有力提升了中国民间遗产保护工作在世界范围内的影响力。上海市华侨事业发展基金会积极开展民间外交，连续多年开展中美杰出青年培训交流，项目被纳入国家教育部“中美人才交流机制”的总体框架。上海宋庆龄基金会自 2006 年发起儿童文化公益服务项目——“宋庆龄爱心书库”以来，始终秉承“让阅读伴随成长，用爱心点亮希望”的服务宗旨，先后为云南、湖南、贵州、海南、安徽等地的边远山乡师生举办讲座培训和夏令营，受益师生达 29 万人次。此外，基金会对违法违规特殊群体开展教育、矫治、培训、救助和心理辅导，保证了青少年健康成长，促进了社会稳定。

3. 社会事业发展中的助推作用强

在科技、教育、文化、卫生、体育等社会事业领域，基金会发挥了重要的助推作用。上海市教育发展基金会成立以来，资助各级各类教育项目总额已达 4 亿元，有力地支持了上海教育事业的发展。科技类基金会支持优秀科技论文评审颁奖，支持举办国际性科技学术研讨会，支持科协搞好科技知识的普及宣传等，推动了上海科技事业发展。上海大学生科技创业基金会，已资助500多家大学生创业企业，资助总额达1.5亿元，其中100多家企业实现盈利，约40家企业年销售额超过1000万元，通过支持创业带动就业人数将近5000人。上海文化发展基金会设立“基金会文化艺术资助项目”，专门资助文学、影视剧、舞台艺术、音乐、美术等领域构思新颖、紧扣时代脉搏、关注现实生活的项目，“十一五”以来共资助项目1982个，资助金额达到2.06亿元，为繁荣上海乃至全国的文化艺术做出了较大贡献。上海科普教育发展基金会积极开展科普项目，将流动科技馆办到社区、学校、郊区、农村，惠及20余万人。

四　队伍建设情况

（一）从业人员队伍情况

截至2012年底，上海市基金会共有从业人员1317人，其中专职工作人员588人，占比45%；兼职工作人员729人，占比55%（见图15）。兼职人员中，企事业单位人员最多，占到从业人员的32.76%左右，其次是离退休聘用人员，占从业人员总数的21.6%（见图16）。每家基金会平均有从业人员9人，其中专职人员只有4人。

“十一五”以来，上海市基金会从业人员队伍主要有以下特点。

1. 基金会专职从业人员少

“十一五”以来，专职工作人员的比例一直维持在40%左右。由于受人员工资福利支出比例限制，许多基金会为了降低人力成本，只能招聘兼职员工，尤其是企业背景的非公募基金会基本上都是让企业员工兼职从事基金会工作，近两年还呈现兼职人员增加的趋势。

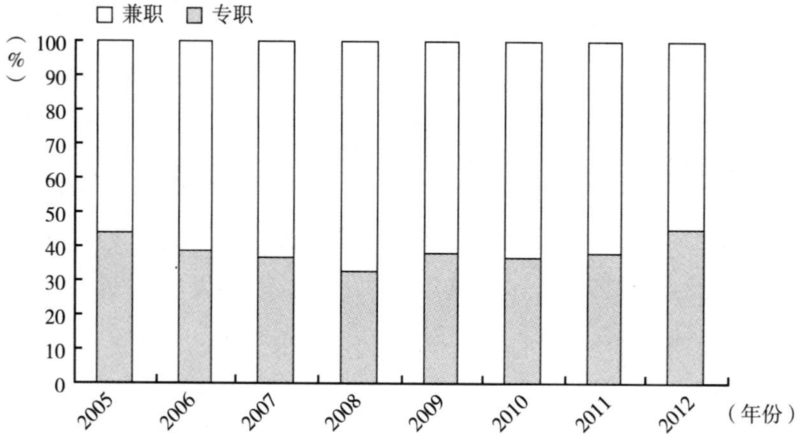

图 15　基金会工作人员专兼职占比情况

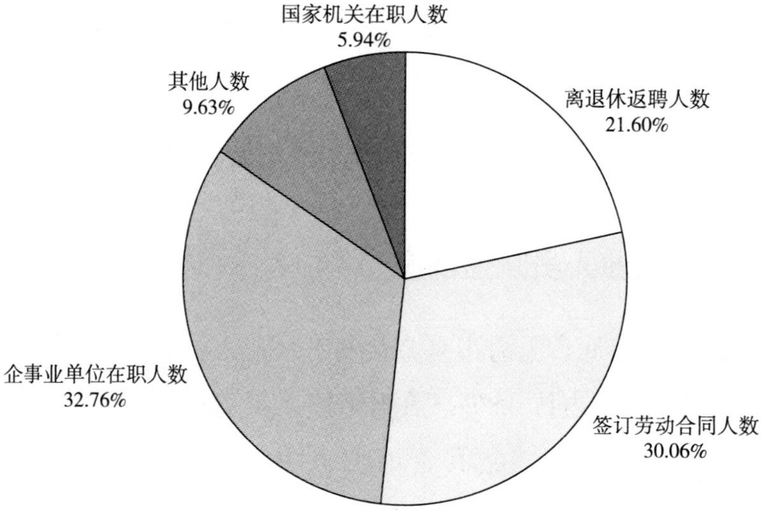

图 16　基金会工作人员构成

2. 从业人员年龄结构有所优化

据2012年年检数据，基金会从业人员中35岁及以下的约占30%，36～60岁约占50%，60岁以上约占20%（见图17）。比较分析近三年的数据（见图18），35岁及以下的从业人员逐年增加，从业队伍呈年轻化发展态势，已有部分年轻、高专业素养的人才加入基金会从业队伍；60岁及以上的人员比例维持在20%左右。

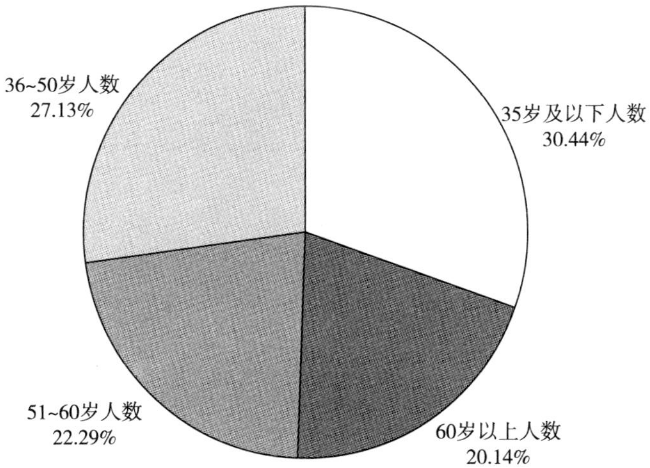

图 17　2012 年基金会工作人员年龄结构

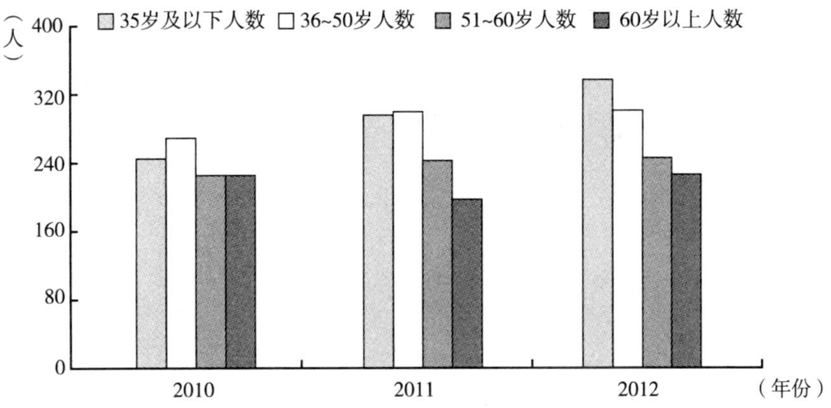

图 18　2010 ~2012 年基金会工作人员年龄情况

3. 从业人员学历较高，整体素质越来越高

目前，基金会从业人员中，本（专）科以上学历者占比约94%，其中硕士及以上学历人员占比 21.93%，留学人员占比 1.35%。远高于上海市从业人口中大专及以上文化程度的比例。尤其是一些研究类的基金会，其工作人员都是硕士以上学历，而高中以下学历者有所减少（见图 19、图 20）。

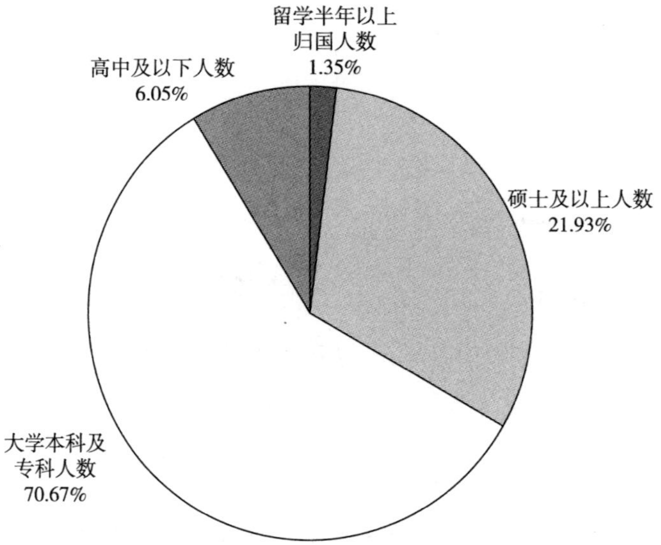

图 19　基金会工作人员学历结构

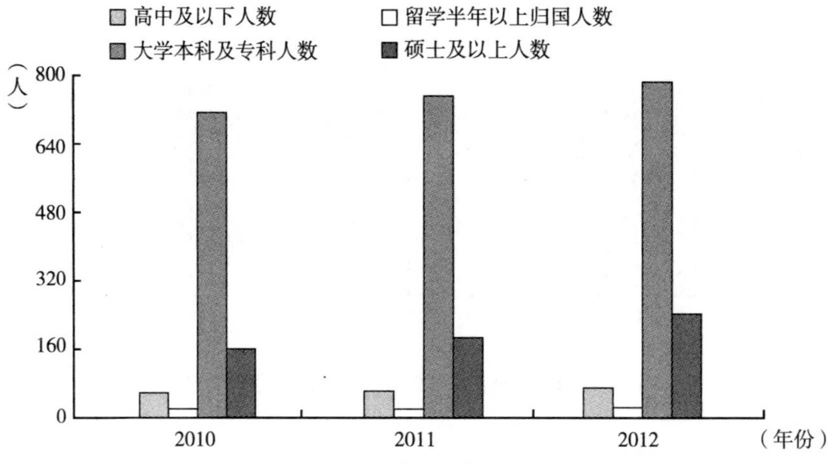

图 20　2010～2012 年基金会从业人员学历情况

（二）理事会、监事会队伍情况

截至 2012 年底，上海市参加年检的 128 家基金会均按规定设立理事会、监事会，共召开理事会议 260 余次；共有理事 1605 人，平均每家13名；共有监事233人，平均每家2名。

“十一五”以来，上海市基金会理事、监事队伍主要有以下特点。

（1）基金会理事兼职人员比例高，不领取报酬人员比例高。据2012年年检数据，兼职理事比例达到95%以上，不领取报酬的理事达到90%以上。

（2）基金会理事、监事都具有一定社会影响力。据2012年年检数据，虽然公募基金会中的政府工作人员占比较大，达到31.48%，但近年来呈下降趋势；其次为企业家、公司高管或从业人员，占比24.6%。非公募基金会中企业家、公司高管或从业人员占比最大，达到24.91%，其次为其他行业背景人员比例达23.89%，此外，政府工作人员比例也较高，达到17.06%（见图21）。

（三）党建队伍情况

“十一五”以来，上海市十分重视基金会党建队伍，截至2012年底，在上海市应建必建的127家基金会中，有110家设有各种形

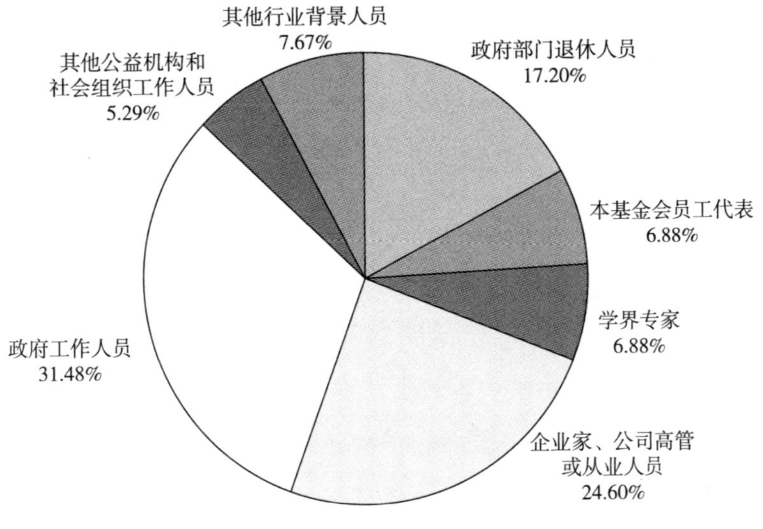

a）公募基金会

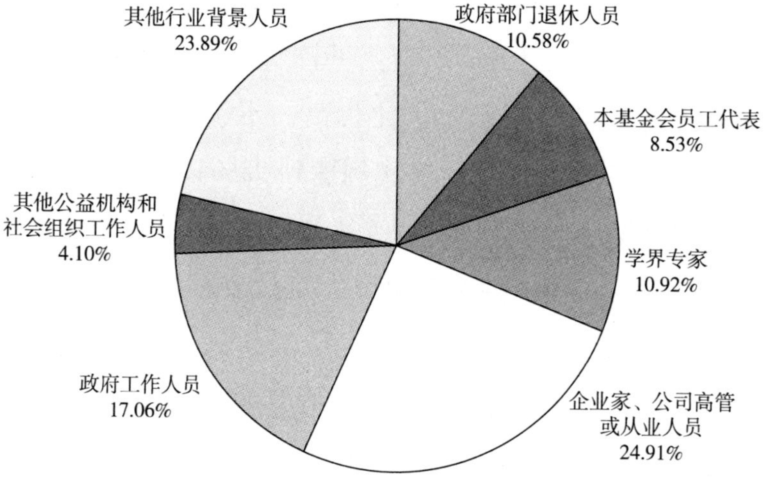

b）非公募基金会

图 21　基金会理事成员构成

式的党建组织，占基金会总数的 86.61%。党支部和党小组是最常见的组织形式（见图 22）。

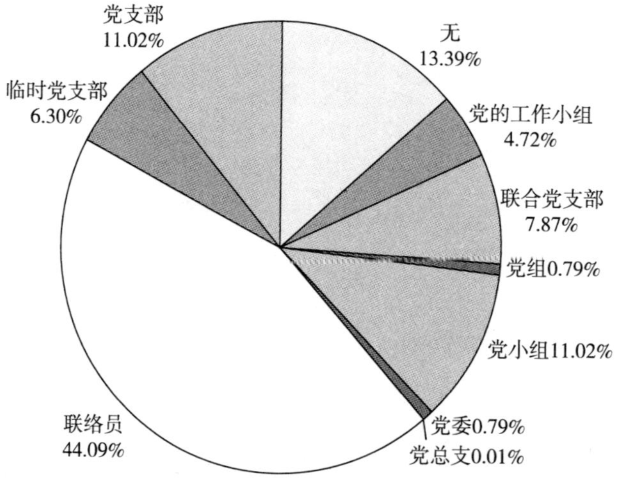

图 22　基金会党建形式

在党组织隶属关系上，以挂靠业务主管单位党组织为主，占比约40%；其次是挂靠单位党组织，占比约32.5%（见图23）。

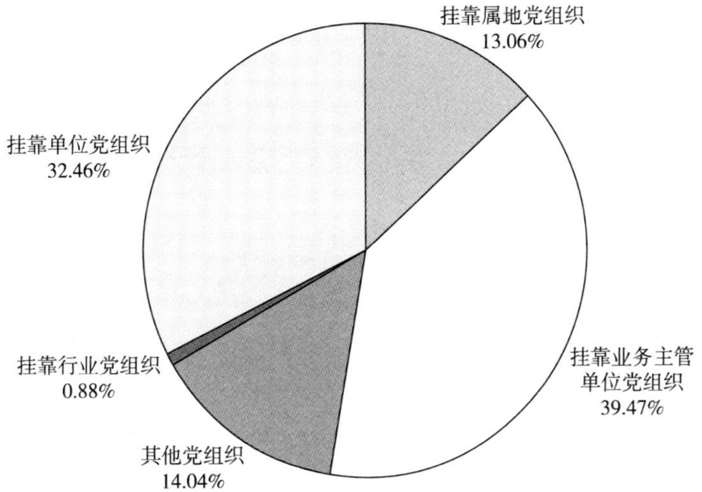

图23　基金会党组织隶属关系

五　信息公开情况

在政府的重视和公众舆论的压力下，上海市基金会信息公开意识日益增强，截至2012年末，基金会的信息公告率已经达到了100%。“十一五”以来，上海基金会信息公开主要有以下特点。

（一）公布内容较为全面

目前，上海市基金会除了按照民政部要求每年公布年检信息摘要外，从2011年开始，每年还要在上海市社会团体管理局官网上全文公布基金会年检报告书和审计报告，包括基金会人员的薪酬、项目运作情况等。此外，上海市部分基金会严格自律，自行披露了更详细的财务报表。比如上海真爱梦想基金会按照上市公司的要求对基金会年度报告书进行了“裸报”。2011 年和 2012 年，该基金会连续两年被中国《福布斯》中文网评为“中国最透明的基金会”第一名。同时上榜的还有上海市安济医疗救助基金会和上海市慈善基金会。上海宋庆龄基金会也被列为高度透明的基金会。上海市慈善基金会、上海宋庆龄基金会等多家基金会逐步把基金会的项目在报纸上做了专项公告。

（二）公布载体较为多元

除了在传统的报刊等纸质媒体上公告外，政府机构还建立了统一的网站，为基金会创造了统一的信息公布平台。同时，在上海市社会团体管理局的官网上也定期不定期地公布基金会年检报告和基金会的活动信息。此外，上海市基金会近年来也纷纷设立自己的网站，如图 24 所示，2005 年上海只有 30% 的基金会设立网站，到了 2012 年，这一比例提高到了 60% 以上，基金会网站设立比例翻了 1 番。

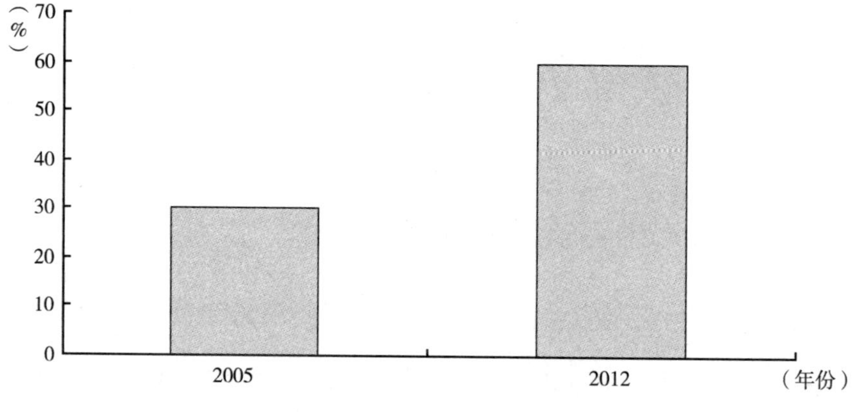

图 24　基金会网站设立比例

六　上海市主要工作举措

“十一五”以来，上海市委、市政府高度重视包括基金会在内的社会组织发展与管理工作，把社会组织发展与管理纳入上海经济社会发展的总体规划。上海各级民政部门坚持民政为民，开拓创新，努力做到勤政、务实、清廉。各级党政部门和领导干部率先示范，带头捐款，带头做社会公益志愿者，带头做善事，努力营造全社会关注公益慈善事业的氛围，推动了上海基金会的发展与管理。主要工作举措有如下几方面。

（一）制度创新

上海市人大出台了《上海市募捐条例》地方性法规，从2012年9月1日起正式施行；上海市委、市政府办公厅出台了《关于进一步加强本市社会组织建设的指导意见》和《关于鼓励公益性社会组织参与民生服务的指导意见》；上海市民政局与其他政府部门联名印发了系列文件，如《关于在本市社会团体、基金会、民办非企业单位中建立年金制度若干问题的通知》《关于在本市民间组织中实施的工资基金管理工作通知》《上海市基金会信息公布实施办法》《关于贯彻实施民政部〈社会组织评估管理办法〉的通知》《关于建立市级民间组织负责人谈话制度的通知》《上海市基金会秘书长会议制度》《关于印发〈上海市基金会年度审计报告建议格式文本（试行版）〉的通知》等，为促进和规范社会组织的健康发展提供了政策保障。

（二）政策扶持

1. 加大购买服务力度

“十一五”以来，上海市委、市政府十分重视购买社会组织服务工作，作为培育发展社会组织的具体举措，不仅写入了市委、市政府的相关文件，而且积极鼓励和要求各级政府部门先行先试、积极付诸行动。目前，购买服务的范围已经发展到市、区县和街镇三级社会管理和公共服务的各个领域。各级政府社会组织业务主管部门或单位，每年都会拿出一定数量的政府资金或财政经费用于购买社会组织服务。如上海市宣传文化系统每年约有 1.5 亿元政府资金，用于购买社会组织繁荣社会文化的服务；经委系统每年约有 1 亿元政府资金，用于购买社会组织为大学生创业提供的服务；民政系统每年从福利彩票公益金中安排 1 亿 ~2 亿元资金，用于购买社会组织为社区民生提供的服务。

2. 加强发展瓶颈突破

率先实施了工资基金管理制度。国家相关文件明确规定社会组织工资基金可以比照事业单位标准进行税前列支，过去由于没有明确社会组织工资基金的管理部门，税务部门按企业标准对社会组织进行税前列支，加重了社会组织及其从业人员的经济负担。为了解决这个难题，经上海市领导协调，明确由上海市社会团体管理局负责社会组织工资基金的管理工作。目前很多基金会都参照事业单位实行工资基金管理，每年减少税负上万元，基金会从业人员的实际收入得到明显提高。

率先建立起年金制度。由于社会组织是按照企业标准缴纳个人养老金，其人员退休后养老金收入明显低于事业单位退休人员。为了消除社会组织人才的后顾之忧，上海市于 2008 年推行实施社会组织年金制度。实行年金制度后，有条件的社会组织及其工作人员可以缴纳补充养老保险，在规定比例内的缴费，可享受国家有关免税政策。这一举措大大缩小了社会组织与事业单位职工的退休保障差距，提高了社会组织就业吸引力和员工队伍稳定性。

3. 加大财税政策扶持力度

根据国家捐赠税前扣除政策规定，上海市政府各相关职能部门相互支持配合，及时转发国家文件，出台细化落实意见，切实保障公益性捐赠税前扣除政策落地，让更多公益性社会组织享受到了税收优惠政策，促进了公益事业公平健康地发展。据统计，上海市取得公益性捐赠税前扣除资格的基金会已达106家，占基金会总数的73%。在非营利组织免税资格认定方面，上海市财政局、上海市国家税务局、上海市地方税务局及时转发了《财政部、国家税务总局关于非营利组织免税资格认定管理有关问题的通知》，上海有超过80家基金会获得非营利组织免税资格认定。

4. 加强服务平台搭建

搭建跨界合作交流平台。上海市从2010年起每年举办由社会组织和企业集中参展的“公益伙伴日”平台。通过参观游园、游戏劝募、论坛沙龙等多种方式，在政府、企业、基金会、公益性民办非企业和媒体、社区居民之间实现全方位连接。在政府、社会组织、企业、社区和市场间搭建起交流、沟通和合作的桥梁，构建伙伴关系，促成公益合作项目签约，积极推动跨界合作，助推公益慈善事业合作机制的形成。2011年度的“公益伙伴日”期间，共有100余家社会组织设展位参展，市区两级民政机关、各委办局、街道（镇）等政府机构，宝钢集团、上海移动、汇丰银行等近80家爱心企业，上海广播电视台等近30家媒体和12500余人次的市民热情参与了“公益伙伴日”活动。“公益伙伴日”现场公募活动共募集资金5.2万元，合作项目签约总额为4500余万元。

搭建公益招投标和创投平台。上海市民政部门从2009年以来，每年安排近上亿元福彩公益金，面向社会组织实施社区公益服务项目招投标和创投，并鼓励和特邀部分基金会作为资金和项目支持方参与其中，在全国取得了良好的示范效应，写入了上海市政府工作报告，列入了国家民政部与上海市的部市合作协议。

搭建社会组织合作交流的平台。上海市尝试搭建基金会出资、民办非企业组织运作项目的合作平台，召开了基金会和民办非企业组织之间的项目洽谈会，促成了多项合作项目。此举受到了基金会和民办非企业单位的普遍欢迎，基金会资助民办非企业公益组织从事具体公益事业，推动了公益生态链的形成。

搭建基金会合作交流平台。上海市建立了基金会秘书长联席会议制度。每年召开两次，通过大会交流和小组讨论，基金会之间加强了了解，沟通了情况，密切了联系。此外，还搭建了同领域基金会的交流平台，已经形成了教育领域、医疗领域、民政领域、科技领域、文化领域等相同领域的基金会例会制度，加强同领域基金会的业务探讨，探索共同合作的机会。

5. 加强各类服务培训

在专业培训方面，为了帮助基金会提高业务技能，掌握政策动向，上海市民政局每年邀请相关部门和专家定期对基金会的秘书长和财务人员进行业务培训。培训内容包括财务、税务、资金保值增值、项目运作以及政策宣讲等各方面知识。经过几年持续不断、有针对性的培训，上海市基金会在业务活动、风险控制、账务处理和相关政策的理解等方面能力有了较大提升。在服务指导方面，遵循服务理念，不定期上门走访，帮基金会切实协调解决日常工作中遇到的各类问题，如设立外汇账户、开具各类证明材料、资料查询、信息公告等。

（三）监管引导

1. 加强信息化建设，提高管理效能

“十一五”以来，上海以“全覆盖、全参与、全流程、全智能”

为目标，全面推进社会组织电子政务平台建设，目前建有上海市社会组织网（即外网）和上海市社会组织业务管理系统（即内网）。其主要功能包括：一是建立跨部门的网上协同办事平台。全市1万多家社会组织，包括140家基金会全部通过电子签章完成网上申报和并联审批，使所有登记、年检事项实现网上办理。二是做到信息及时反馈，充分便民利民。网站除了为基金会提供申报事项办理情况的网上查询以外，还开发了短信平台，通过短信实现了年检通知、会议通知、咨询投诉反馈、登记证书过期及时提醒等功能。三是提供基金会法人信息公开查阅渠道，实现信息公开透明。全市基金会的基本登记信息、历次行政许可、行政检查和行政处罚、诚信等级、年检报告和审计报告等信息全部在网上开放，方便公众查阅。

2. 加强财务管理，强化政府监督

主要做法包括：一是政府审计。由上海市审计部门每3～5年分领域对全市基金会开展审计调查。二是专项审计。由登记管理机关委托部分信誉好、资质好的会计师事务所，每年抽查一定数量的基金会进行2～3年的年度收支审计。三是行政专项检查。结合年检对基金会存在的各类问题下发《注意事项通知书》和《整改通知书》，并通过实地走访等形式对基金会进行行政专项检查。通过强化审计监督，基金会资金运作的安全性和规范性大大增强。

3. 加强规范化建设，强化社会第三方评估工作

按照民政部民间组织管理局评估标准，结合上海实际制定公募和非公募基金会评估标准体系，上海市从2007年开始，开展基金会规范化建设评估试点。截至2012年末，上海市共有3批26家基金会参加评估，参评率为22%。规范化建设评估为基金会提供了规范化运作的参照蓝本，有利于加强基金会的自身建设，促进基金会自我管理和自我完善；有利于优化政府对基金会的监督管理，促进监督方式的科学化和规范化；有利于增加基金会的透明度，强化社会监督，提高基金会的公信力。

4. 加强信息公开，建立健全社会监督机制

一是强制公开。严格执行《上海市基金会信息公布实施办法》，要求基金会必须主动按照民政部要求的格式摘要，将年度工作报告、公募基金会组织募捐活动的信息、基金会开展公益资助项目信息等年检内容在市级以上各大报刊上进行披露。每年在上海市社团局网站上全文公示年检报告书和审计报告，内容包括基金会人员的薪酬、项目运作情况等，全面接受公众的监督和查阅。二是统一制定了审计报告格式。统一的格式确保了年检报告书的真实有效性，避免了信息失真，让管理机关和公众更全面、更充分地了解基金会的财务信息。三是配合《上海市募捐条例》实施，建立了上海市统一的募捐信息服务平台。受理募捐活动的网上备案，公布募捐组织的基本信息、募捐方案、募捐情况、募集财产使用情况、年度财务审计情况，以及有关法律法规等内容，平台的建设对公众监督劝募活动起到了重要作用。

七　上海市基金会的发展趋势

（一）基金会数量还将保持较快增长态势

“十五”以来，基金会的年均增速在17%左右。党的十八大提出了“加快形成政社分开、权责明确、依法自治的现代社会组织体制”的目标要求，《国务院机构改革和职能转变方案》明确提出改革社会组织管理制度，对公益慈善类社会组织实行直接登记，同时下放登记审批权限等，可以预见，上海市基金会发展将进入快车道。此外一些支持型、研究型、现代服务型基金会开始异军突起。

（二）捐赠收入在基金会收入结构中所占的比例将越来越高

随着基金会数量的增加，特别是非公募基金会的快速发展，基金会收入来源从主要依靠国企捐赠和投资收益转变为主要依靠社会捐赠。企业家和富人成为重要捐赠者，个人小额捐赠和网络捐赠也日渐普及。目前捐赠收入占基金会总收入的比重已由40%上升到近80%。

（三）基金会的捐赠形式将更加多样化

随着捐赠数量的增长，捐赠形式也越来越多样化。除了传统的现金、物资捐赠外，近年来，上海陆续出现了股权捐赠、期权捐赠、产权捐赠、无形资产捐赠、志愿时间捐赠、广告时间捐赠、留本捐息等多种捐赠形式。捐赠形式的灵活和丰富，一方面为捐赠者提供了更多的参与慈善的渠道，极大地丰富了慈善资源，弘扬了慈善文化；另一方面，不断创新的捐赠方式对管理部门也提出了新的挑战。由于当前的法律相对滞后，这些新兴的捐赠方式在操作层面都面临不小的挑战，捐赠金额如何认定、税收优惠措施如何落实等问题都亟待从法律法规层面进一步明确。

（四）基金会公信力和透明度有望提升

政府职能转变后，职能部门将更加注重服务管理，重点关注基金会的公益支出效率、规范化运作、评估、信息公开等工作，促使基金会提高项目运作的公益性、专业性、规范性，提升基金会的公信力。基金会享受优惠的税收政策，掌握社会公益资源，社会关注度越来越高。因此，基金会将会更自觉地接受社会的查询、监督，向社会公布公益活动和资金的详细使用计划，提高透明度。

（五）基金会开始向专业化道路发展

随着基金会发展进入成长期，基金会募款、管理、项目运作将越来越专业。那些拥有专业人才、勇于创新、注重规范、讲究公益诚信的基金会将成功转型，壮大做强，另一些固守旧体制、政社不分、不讲诚信的基金会将遇到募款难、运作难、生存难的困境，逐渐被边缘化。

（六）基金会的功能将进一步彰显

中国社会正处于转型期，各种社会矛盾不断涌现，对社会服务的需求大量增加，社会治理的任务日益加重。事实证明，单纯依靠政府力量，已不能解决众多复杂的社会问题。一个文明健全的社会不仅要有健全的政府体系，还要有健全的市场体系和健全的公共非营利体系。而以第三部门姿态出现的基金会组织，是第三次社会分配的主力军，其在缓解社会矛盾、促进社会公平、倡导正确的价值观等方面将起到日益重要的作用，是政府很好的合作伙伴。

八　上海市基金会发展面临的问题

（一）结构分布不均匀

上海市基金会主要集中在慈善帮困、教育、文化领域，这三类基金会占总数的70%左右。助老类、科技类、研究类、支持类、现代服务类的基金会数量较少，社区类、医疗类和环保类的基金会比较缺乏，知识产权、法律服务等领域则为空白。

（二）基金会公信力面临严峻挑战

一是法人治理缺乏独立性。一些政府推动成立的基金会，由政府部门派人担任要职，资金来源于党政机关，基金会的管理制度和业务活动都依赖于政府。由企业单位发起成立的基金会成为企业的一个部门，企业对基金会人事、财务和组织运作过度干预，容易导致关联交易，影响基金会公信力建设。二是基金会人才匮乏。工资薪酬低和职业前景不明，导致基金会难以吸收到优秀的公益人才，由此造成部分公募基金会募款能力不强，有的甚至处于休眠状态，一些基金会没有专业的理财团队和理财人士，公益项目运作能力欠缺。这些直接影响了基金会的公信力和运作能力。三是信息公开不到位。在公开方式上，虽然上海市基金会的信息公开率达到了100%，但部分基金会在公布内容上并没有做到全透明、全公开。在公布时效上，也是静态多、动态少，基金会较少主动公开项目执行情况及财务收支情况。

（三）税收政策制约

一是鼓励基金会保值增值的税收政策缺位。基金会作为非营利组织，其增值保值收入仍然投入公益事业，不用于个人分配，其经营性质与企业的营利行为有根本的区别。但是目前的税制是依行为课税，而不是依主体课税，基金会的生产经营所得、房屋出租及增值所得和购买股票、债券（国库券除外）等有价证券所取得的收入和其他收入，也要同企业一样征收企业所得税，并无任何优惠。二是现行政策规定的公益性捐赠税前扣除资格和非营利组织免税资格的申请条件、提供材料和审核手续过于严格。

（四）登记管理制度改革后监管难度加大

一是登记管理机关监管力量不足。目前，由于基金会只能在市级层面登记，区县并未配备专职基金会登记管理人员。基金会登记审批权限向下延伸后，区县登记管理机关的监管面临较大挑战。二是行业主管部门监督指导职责可能缺位。原有的业务主管单位的登记、变更、年检初审、指导监督、配合登记管理机关查处的职责可能被削弱。三是监管指导手段不多。目前对基金会的监督指导一般采取年检、日常检查、规范化评估等常规手段。向下延伸登记审批权限后，市区两级登记管理机关如何分工合作、协调管理，都是即将面临的问题。面临诸如内部治理、股权捐赠、投资损益、反洗钱、涉外等一系列新问题时，如何更好地监督指导基金会，也是一项新挑战。

九　上海市基金会发展建设思路

（一）明确基金会定位和重点培育发展领域

围绕服务上海“四个中心”和国际化大都市建设全局，以把上海市基金会建设成为最具公信力和透明度的示范者、发展上海现代公益事业的引领者为目标，坚持与上海经济社会发展全局相适应和培育监管并举的原则，重点培育发展城乡社区助老和文化等服务类、公益慈善类、科技类、社会组织支持类、金融现代服务类基金会，鼓励发展医疗类、环保类基金会，优先培育非公募基金会，适度合理控制公募基金会，努力做到布局合理、结构优化、规范运作和科学发展。制定上海市基金会中长期发展规划，明确指导思想、方针目标、工作思路、主要任务和保障措施，出台相关管理制度和重点扶持政策等，帮助基金会解决发展中遇到的困难和问题，为其发展提供良好环境，引导其健康有序发展，发挥其在社会保障体系中的积极作用。

（二）加强基金会公信力建设

从强化诚信意识、运作公开透明、打造诚信品牌入手，逐步形成基金会自律、政府监管、社会监督相结合的诚信建设体系。一是推进政社分开。按照政社分开、管办分离的原则，根据国家关于社会组织管理制度改革的相关要求，结合上海实际，稳步推进基金会在机构、人员、财务等方面和行政机关脱钩。尊重基金会法人主体地位，依法保护基金会的财产权和合法收入，不得干预基金会的人事、资产、财务等内部运作。二是加强信息公开。政府要加强信息披露规范化建设，借鉴学习推广上市公司披露机制，规范披露内容和格式，健全信息网络，搭建统一的披露平台。着重建立“三大机制”，即信息共享和动态披露机制、问责机制、投诉举报受理机制。基金会要加强自律意识，努力做到“三公开”，即接受捐赠公开、管理运作公开、资金使用公开，及时披露基金会各类信息，认真接受捐赠人、新闻媒体和全社会的监督。有条件的基金会要建立网站、网页或出版刊物，网站和网页内容必须定期更新，有刊物的应当定期出版。三是优化治理结构。加强理事会、监事会建设，完善“决策、监督、执行”内部制约机制。基金会要建立健全以理事会或常务理事为核心的基金会决策机构，坚持集体领导，实行民主决策，不断提高领导能力和决策水平。要完善监督机构，有条件的基金会应在设立监事的基础上，建立监事会，切实发挥监事或监事会在重大决策中的监督作用。

（三）健全监管工作机制

1. 构建综合监管体系

建立登记机关、行业主管部门以及相关职能部门各司其职、协调配合的综合管理服务体系。登记管理机关负责基金会的统筹协调、政策制定、宏观指导；依法登记备案，年度检查，日常监管，执法查处；指导社会组织的信息公开和社会评估，为直接登记社会组织提供党建指导和人才服务。教育、科技、文化、卫生、体育、环保、商务、工业和信息化等行业主管部门应将基金会纳入行业管理，制定本行业的活动指南和管理服务规范，通过制定导向性政策、发布信息等方式对基金会进行指导，通过转移职能、购买服务、资金扶持等方式引导基金会发展。相关综合职能部门，如财政、税务、人保、公安、外事、金融、审计等，依法对基金会财务活动、纳税行为、涉外交往活动、资金外汇、社会保障以及非法活动等进行监管。完善执法制度，建立联合执法机制。

2. 增强区县登记管理机关力量，加强管理

结合基金会登记管理权限下延，增强基层登记管理机关力量。同时整合内部资源，优化工作机制，完善市区两级管理体制。登记管理机关应转变观念，以服务促管理，增强管理能力。一要加强学习。尽快适应新变化和新要求，提高解决新问题的能力。二要强化制度建设。用制度来引导基金会的行为和活动，建立和完善重大事项备案制度、信息披露制度、外部审计制度、财务管理制度、内部管理制度、民主选举制度等各项制度，进一步完善章程示范文本。三要强化年检工作。重点关注基金会的财务报表和公益项目情况，提高年检的针对性和有效性。四要加强规范化建设评估。完善评估指标，建立第三方评估机制，利用好评估结果，建立评估的激励机制。五要建立动态管理机制。加强日常监管，建立基金会财务月季报表制度，随时掌握基金会财务信息。六要搭建好政府与基金会及基金会之间信息沟通的网络服务平台。

3. 探索行业监管

研究探索建立基金会联合会，表达行业诉求，维护行业权益，引导慈善行为，优化资源配置，制定行业规范，推进行业自律。发挥联合会的公益行业代言人、公益事业助推者、公益秩序守望者的作用，以促进公益事业发展，为实现社会和谐与稳定做出应有贡献。

（四）积极向国家争取税收优惠政策

一是要确保现有税收优惠政策的落实。要加大宣传力度，简化税收抵扣手续，适当提高捐赠税收抵扣比例。二是建议开展捐赠税收递延抵扣政策探索。允许纳税人将超过当年税前扣除比例的部分捐款，递延至下一年度进行抵扣，以鼓励捐赠者的积极性（如企业当年利润总额为 100 万元，按照现行税法最高免税捐赠额为 12 万元，如果企业捐赠 20 万元，则超出的 8 万元仍需缴纳 25% 的所得税。采取递延抵扣政策后，则超出的 8 万元可以延至下一年度进行全额抵扣）。三是建议合理减免基金会增值收益税负。对于基金会通过合法手段运作所获得的增值收益，应适当减免增值收益税负。四是增加捐赠税收优惠可扣除形式。将某些特定的捐赠纳入税收优惠的范围，如企业未上市的股票、不动产、艺术作品等。

B.4
企业基金会研究报告

摘　要:

企业基金会主要是指企业或者企业家出资发起成立、在日常运作中主要资金来自其企业或者企业家的基金会。本报告主要描述了现阶段中国企业基金会的数量、资产状况、收支情况、发起方、服务对象、关注领域、合作伙伴、队伍建设和项目运作等，对企业基金会的优势与存在问题，以及发展变化趋势也进行了分析。

关键词:

企业　基金会　社会责任

企业基金会是由企业或企业家发起成立，并且出资金额超过基金会原始资金50%的基金会。

与欧美发达国家不同，中国的公益事业还处于初级阶段，基金会的公益资金主要来自企业和企业家而非个人。但是许多基金会的发起方是政府、高校或社会公益人士，企业家只扮演捐赠方的角色，并不以发起方或运作方的身份参与基金会的运作，所以本报告仅将企业或企业家作为发起方的这一类基金会定义为企业基金会。与此同时，企业基金会可以由单个企业或企业家成立，也可以由多个企业家发起成立。

本报告的研究方法如下。

（1）案例访谈

2013 年~9 月，研究团队对 35 家具有代表性的企业基金会进行了深度访谈，对访谈结果作了较为系统的分析总结，了解了企业基金会的运作机制和发展脉络，总结了企业基金会的优势和存在的问题，并就企业基金会的未来发展提出了建议。

（2）问卷调查

调查中向 1.3 万家企业发放了调查问卷，范围涉及全国各省、市、自治区。调研问卷内容包括 2013 年度企业开展的主要公益项目、捐赠金额、是否设立基金会或专项基金等。本报告对收集上来的问卷数据进行了分析，在填答问卷的企业中有 230 家企业有自己的公益专项基金，162 家企业成立了企业基金会。这些数据有助于了解企业基金会在全国的总体发展状况，并为本研究提供了企业基金会项目运作的详细信息。但缺陷是这些回收来的问卷大多数基于企业的自愿性回答，另外一些没有填答的企业其信息无法反映出来，因而它不代表一种概率抽样（注：在本报告中，该数据没有使用）。

（3）文献搜集

为了弥补问卷调查获得数据的不足，本报告又以民政部基金会 2012 年年检数据作为基本数据源①，随机抽取了约 25% 的基金会（总计 660 家）进行抽样数据的分析工作，力图利用基金会年检数据中的核心变量对企业基金会进行研究，最终得出全国企业基金会的发展现状。

---

① 2012 年年检数据是目前可以获得的最新数据，该数据未包含 2012 年新成立基金会情况，所搜集基金会项目信息也均为 2011 年。虽然企业基金会的总体趋势增长明显，但基本情况并未发生较大变化，2011 年数据能够较好地预测 2012 年情况。

企业基金会同其他类型的基金会一样，它们随着2004年《基金会管理条例》的出台而大量涌现，其主要存在形式是非公募基金会。由于企业基金会“脱胎”于营利部门，因而格外引人注目，并产生出特有的社会功能。

一 基本情况

（一）数量与资产状况

根据2012年全国基金会年检数据，截止到2011年底，全国共有基金会2411家，总资产量为784.90亿元，平均资产量为3295万元。其中企业基金会415家，总资产规模约为70.71亿元，平均资产量为1703万元。企业基金会数量占基金会总体数量的17.21%，企业基金会资产规模约占基金会总体资产规模的9%（见图1）。

在企业基金会中，民营企业基金会在数量和资金量上都处于优势地位。国企基金会在数量与资产量上均少于民企基金会，外企基金会在企业基金会中规模最小（见图2）。民企基金会315家（占企业基金会总量的76%），平均资产量为1757万元，总资产量为55.15亿元（占企业基金会资产总量的78%）；国企基金会46家（占企业基金会总量的11%），平均资产量为2096万元，总资产量为9.90亿元（占企业基金会资产总量的14%）；外企基金会54家（占企业基金会总量的13%），平均资产量为1045万元，总资产量为5.66亿元（占企业基金会资产总量的8%）。

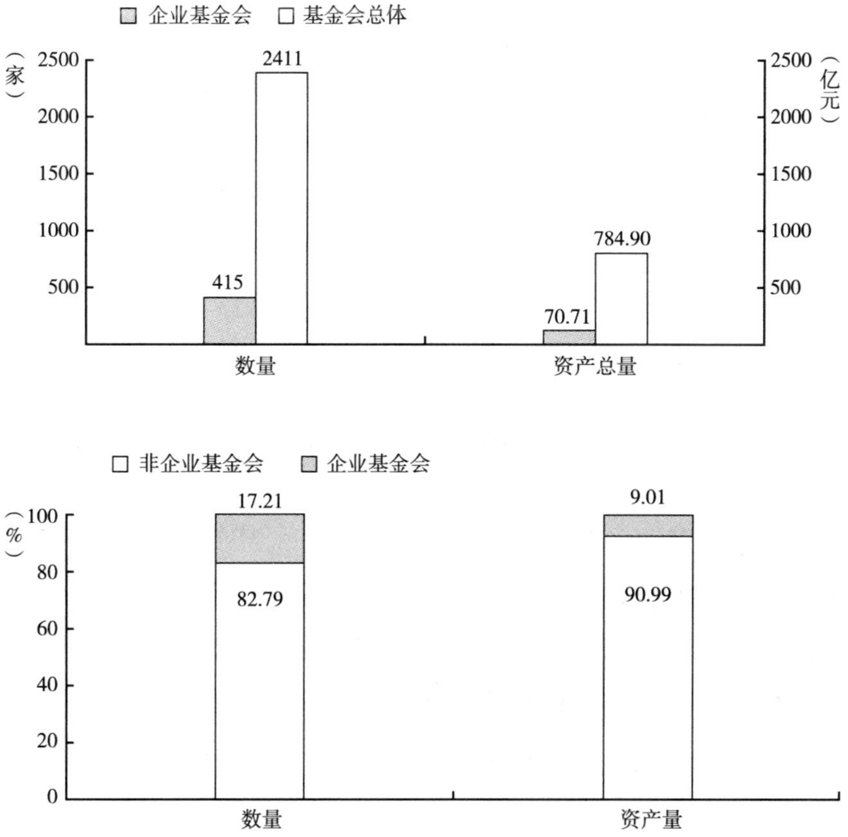

图 1　企业基金会与基金会整体数量和资产比较

根据基金会中心网的数据①，截止到 2013 年 12 月 31 日，我国基金会数量达到 3554 家，与 2011 年相比平均每年的增长率为 21%。非公募基金会的数量由 2011 年的 1200 多家发展到 2013 年的 2300 多家，短短两年时间里，数量增加了近一倍。因此可以推断出，截止到 2013 年底，企业基金会数量约有 800 家，约占基金

① 基金会中心网是由国内 35 家知名基金会联合发起的一个行业信息披露平台。该数据是 2013 年公布的，只有最基本的信息，而没有年检报告，与此前引用的 2011 年年检报告并不冲突。

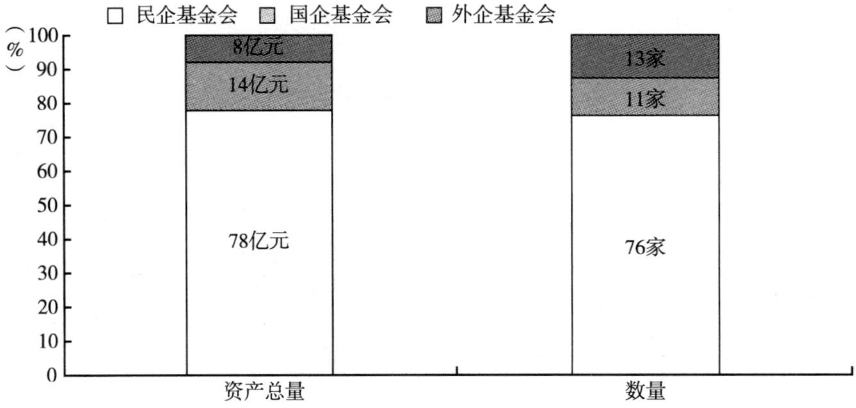

图2　各类企业基金会数量和资产量比较

会总数的四分之一，总资产超过200亿元，其中民企基金会数量约有600家，约占基金会总数的五分之一，总资产超过100亿元①。

从以上数据可以看出，在企业基金会的构成中，民企基金会占主导地位。就基金会总体而言，无论从数量或资金量来看，企业基金会都是基金会家庭中一个相对弱小的群体，与政府和高校主导的基金会之间还存在一定差距，但是发展速度迅猛。

（二）地域分布

企业基金会数量排名在前5位的省份是江苏、福建、广东、北京、浙江。没有企业基金会的省份有5个，分别是甘肃、青海、陕西、四川、重庆（见图3）。

由此可见，企业基金会的分布具有明显的地域性，多分布在经济发达的省份。民企基金会数量多的省份如江苏、广东、福建、北京、浙江也是民营经济发达的省份（见图4）。

① 企业基金会是以非公募基金会的形式存在，因此可由非公募基金会的增长速度推算企业基金会的增长速度。

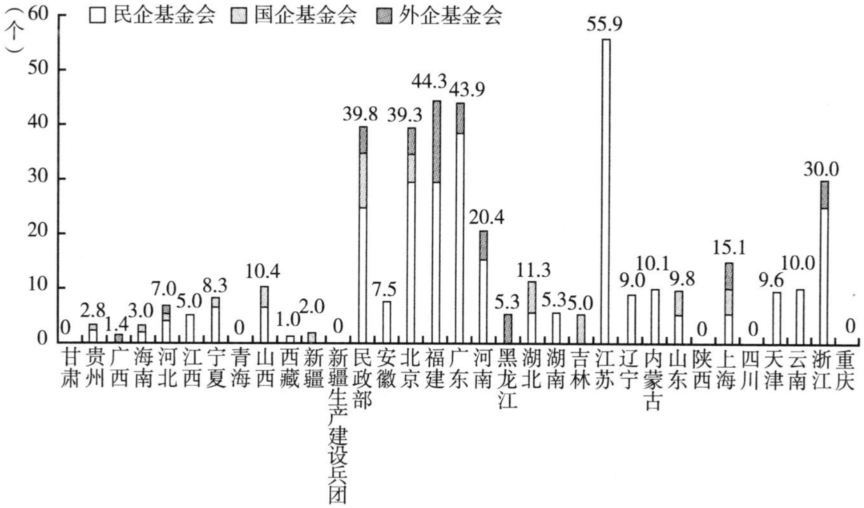

图3　企业基金会数量分布

注：因采用加权计算方法，故图中数据非整数。

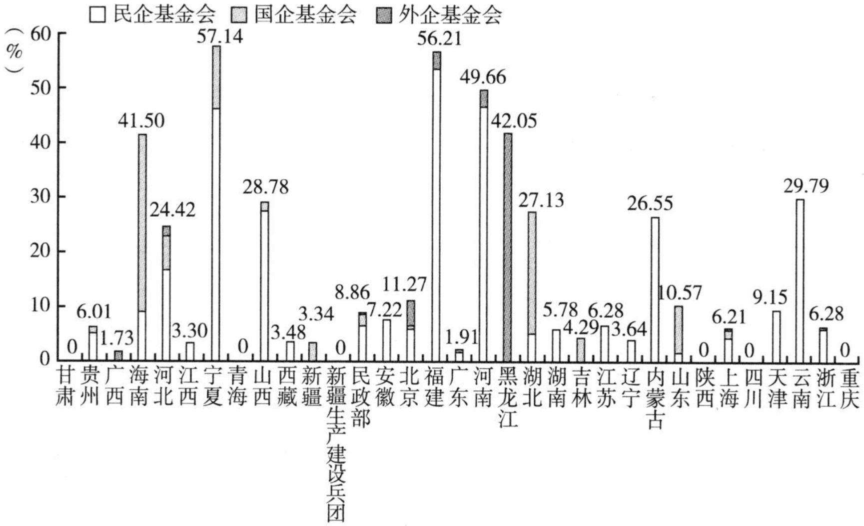

图4　企业基金会比重分布

二　发起方与服务对象

企业基金会的存在呈现一种逐渐过渡的趋势，即从纯粹的企业基金会向非企业基金会转变。渐变主要沿着以下几个方向进行：第一，从企业发起设立基金会，向企业家发起设立基金会转变；第二，从一个企业或者企业家发起设立基金会，向多个企业或者企业家发起设立基金会转变；第三，基金会理事会成员从主要由发起企业人员组成，向来自社会各方面的人员共同组成转变；第四，基金会秘书处人员构成从以企业员工为主，向社会公开招聘转变；第五，运营资金从单一由发起企业资助，向多渠道定向募集转变。上述变化都逐渐使企业基金会由类似于企业二级部门的机构，逐渐进入社会公益领域，成为社会化运作的公益组织。

（一）企业基金会的发起方

企业基金会在发起成立时也存在多种形式，本报告根据“单/多”“机构/个人”两个维度和“单一企业”“单一企业家”“多个企业”“多个企业家”捐资设立四个象限，对企业基金会设立的情况进行了分类。61%的企业基金会由单一企业发起，24%的企业基金会由单一企业家发起，9%的企业基金会由多个企业发起，6%的企业基金会由多个企业家出资发起。

企业基金会的出资企业或企业家主要来自制造业、房地产业、金融业和综合类企业（横跨金融、房地产和制造业等多个领域的企业）（见图5）。

在企业基金会中，民企基金会和外企基金会的出资方所属行业分布与企业基金会的整体情况基本相同，只是具体行业的分布比重上略有不同。而国企基金会的出资方则增加了矿业这一重要来源，这主要是因为矿业属于国有垄断行业，民营资本和外资很难进入（见图6）。

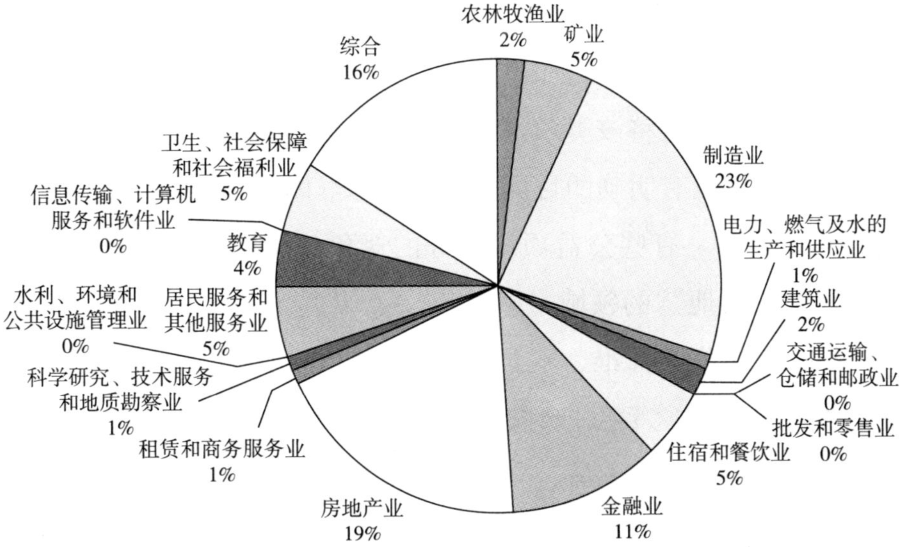

图 5　企业基金会发起方所属行业分布

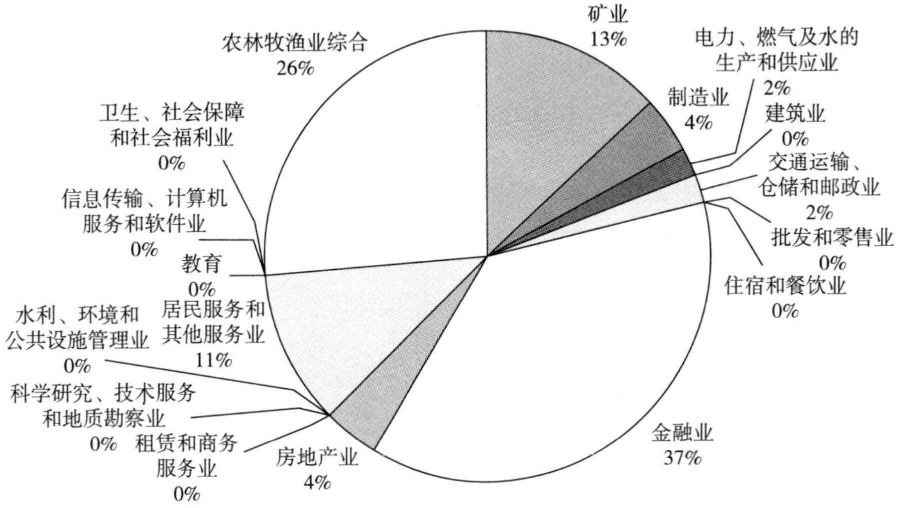

图 6　国企基金会发起方所属行业分布

（二）企业基金会的服务对象

公益项目通常都有它所针对的人群，比如说儿童或老人。或者是一个特定地区的人，比如说贫困地区的人群。除此之外，还有的没有特定的目标人群，比如说一个全社会受益的科研项目、环境保护项目等。本报告将该类项目的受益群体称为全社会公众。此外，还有一些项目没有明确的目标群体或目标群体较多，在本报告中归到“其他”中。有些公益项目服务的对象是少数群体，我们把它一并划到“其他”的领域。

根据上述分类标准，本报告一共划分出以下几种服务对象类型：儿童（含青少年）、妇女、老人、贫困地区人口、残障人士、受灾人口、外来务工人员、全社会公众、其他。

根据项目针对的人群对企业基金会项目进行分类，得出企业基金会公益项目在目标群体的分布特点。如图 7 所示，企业基金会关注儿童、贫困地区人口、受灾人口、全社会公众较多，对妇女与外来务工人员关注较少。可以看到图 7 中“其他”类的项目所占的比例较高，这反映了我国企业基金会在开展公益项目时目标定位不明确。

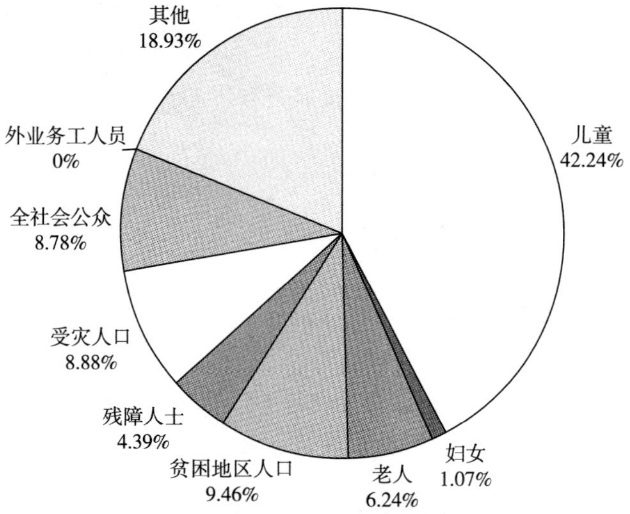

图 7　企业基金会项目分布——按目标受众

如图 8 所示，不同类型的企业基金会在关注群体上略有不同，首先儿童是所有类型基金会共同关注的群体。国企基金会更关注灾区群体，民企基金会更关注贫困群体，外企基金会更关注全社会公众。相对而言，外企基金会不太关注贫困群体和老人群体，国企基金会对妇女的关注度较低。

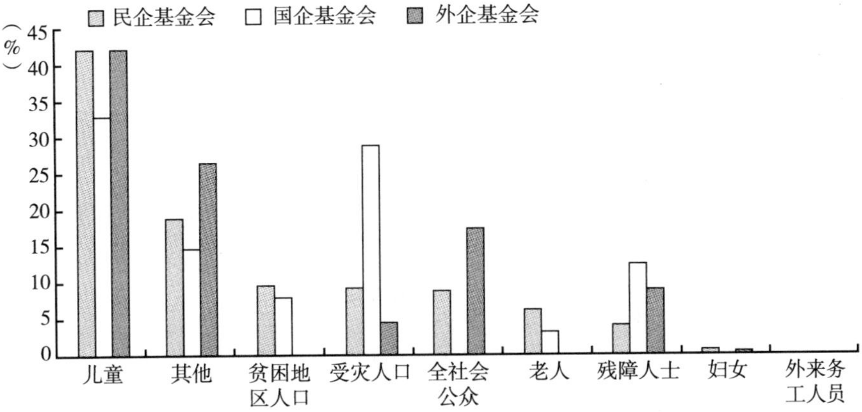

图 8　不同类型基金会在项目分布上的格局对比

由上分析可知，从企业基金会关注的目标群体来看，儿童仍居首位，这与基金会总体的关注趋势保持一致，大量的奖助学类项目以及医疗卫生项目都将儿童作为帮扶的首选对象。不同类型的企业基金会关注的侧重点存在一定的差异。而本次研究发现，针对全社会公众（即没有明确受益群体，或社会整体受益）的项目也是企业基金会关注的重点。

四　关注领域与合作伙伴

（一）企业基金会关注的公益领域

本报告将公益领域划分为以下类型：教育、医疗卫生、养老、公共设施、扶贫、助残、救灾、生态环保、维权、社区发展、文化艺术、科技、体育、社会价值与社会进步、其他。

在这种分类方式下，企业基金会公益项目在公益领域上的分布有以下特点：教育、扶贫、救灾、医疗卫生四个领域是目前关注的重点，其中教育领域的公益项目几乎占到了4成（见图9）。此外，在生态环保、社区发展与维权等领域，企业基金会较少涉及，这可能与这些领域并非企业关注的热点，且有一定的社会敏感性。

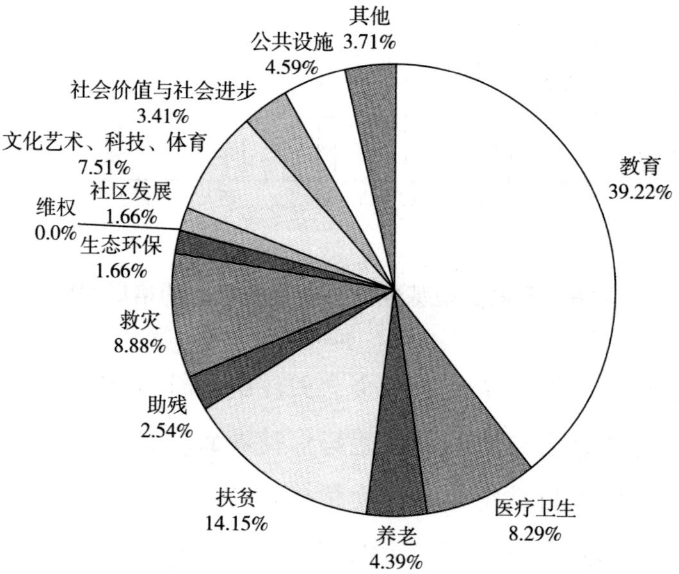

图9　企业基金会项目分布——按公益领域

令人欣慰的是，企业基金会相对于非企业基金会已开始关注社会发展的前沿问题，如社区发展、生态环保、公共设施、助残、养老等。而非企业基金会则相对更加偏好文化艺术、科技和体育。如图10。

民企基金会在公益项目领域分布上与企业基金会基本一致。

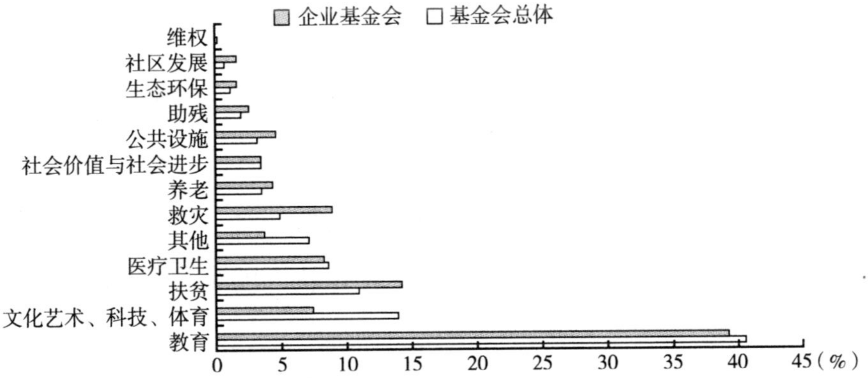

图 10　企业基金会与基金会在项目领域分布中的比较

如图11 所示，国企基金会更关注救灾领域，外企基金会更关注社区发展以及文化艺术、科技、体育领域，民企基金会则更关注扶贫、医疗卫生和公共设施领域。

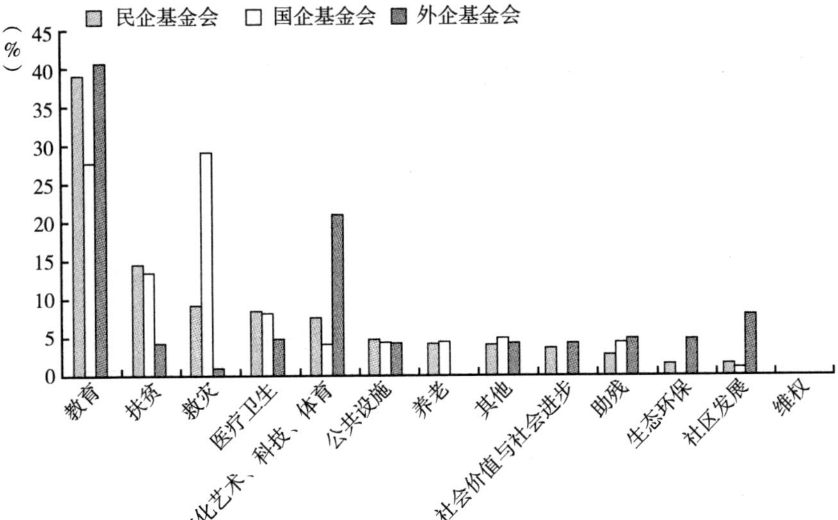

图 11　不同类型企业基金会关注领域的比较

（二）企业基金会的合作伙伴

我国企业基金会中资助型基金会比较少①，多为运作型基金会②。我们在访谈中发现，企业基金会的合作伙伴多数是政府、政府主导的公益组织（GONGO）、公关公司和媒体，民间的“草根”机构较少，而且企业基金会选择自己合作伙伴的渠道比较有限，一般依靠政府部门推荐和业内的交流、招标、邀标以及等待合作伙伴主动上门等方式。原因是缺乏一个对接平台。由于缺乏有公信力的对接平台，一边是找不到有力执行伙伴（如 NGO）的基金会，另一边是许多民间的优秀公益组织，双方无法实现有效对接，造成公益产业链的断层③。在公益产业链发育健全的情况下，支持性机构会将信息进行整合和发布，促进基金会和民间公益组织的对接。企业基金会在运作的同时应逐步培育民间公益组织和支持性机构，促进其发展壮大，这样基金会逐渐由运作型转为资助型，同时支持性机构的蓬勃发展也可使企业基金会的专职人数不断减少，从而降低

① 资助型基金会是指基金会通过资助其他非营利组织来执行项目，让最终的受益人受益，从而实现自己的公益目的。基金会资助的项目，有的是自己选定的项目，通过其他非营利组织来执行；有的是其他非营利组织选定的项目，基金会予以资助。

② 运作型基金会是指在资助型基金会之外的其他基金会，包括自主运作公益项目，将资金直接给到最终受益方或其代言人的那些基金会。

③ 在公益行业中，上游是资金提供者（捐赠者、资助者）、基金会（捐赠资金的管理机构），下游是直接服务机构，中游是支持性机构（信息交流平台、公益研究咨询指导机构、志愿者管理、第三方评估机构等）。它们形成一个产业链条，具有链式效应。当产业链中各环节都处于一种良好的、动态自我调整的平衡状态时，这个行业价值链就会很平稳地运行；一旦该行业价值链中的某一个环节不能提供及时或充足的供给，这个良性的循环就会被打破，从而引起整个产业无法正常运转。公益产业链的断层是指资金无法从上游的资金提供者和基金会到达下游的直接服务机构，中游的支持性机构没有产生和生长的空间。目前中国的基金会发展多为运作型基金会，资金无法到达直接提供服务的 NGO。政府的资源直接通过政府主导的基金会和政府自身机构（例如民政系统）到达最终受益人，政府购买服务的对象又以政府主导的基金会和事业单位为主，这些都造成了下游组织因缺乏资金而无法发展。上游和下游的互动没有建立起来，中游的支持性机构也就无从发展。

人力成本。中国已经有少量的企业基金会正向着这个方向努力，如南都基金会、万通公益基金会、阿拉善生态基金会都是资助型的基金会，合作伙伴多为“草根”NGO组织。再如壹基金向北京师范大学捐赠2000万元建立中国公益研究院，河仁基金会向南京大学捐资2000万元建立河仁社会慈善学院。我们呼吁更多的机构来搭建资助平台。

四　收入与支出状况

（一）企业基金会收入状况

2011年基金会总收入约为447.12亿元，平均每家基金会的收入为1870万元。企业基金会总收入约为30.96亿元，约占基金会总收入的6.92%，平均每家企业基金会的收入为746万元（见图12）。捐赠收入是企业基金会的主要来源。2011年企业基金会的捐赠收入约为28.34亿元，占到全部收入的91.54%，提供服务、政府补助、投资收益等其他收入所占比例合计不到10%。

在收入结构上，无论是从基金会总体还是从企业基金会来看，捐赠收入都是主要收入来源（企业基金会为91.54%，基金会总体为89.61%）。但是在服务性收费、政府补贴和投资理财方面，企业基金会和基金会总体情况存在较大差异。企业基金会提供服务所得收入占全部收入的2.47%，而基金会总体这一比例仅为0.43%，差距近5倍；政府补助占企业基金会收入的比例仅为1.61%，而基金会总体这一比例高达6.40%，后者约为前者4倍；2011年全国存在投资理财行为的企业基金会数量为98家，平均投资收益为61.07万元，约为企业基金会年平均收入水平的8.19%。相比之下，2011 年全国存在投资理财行为的基金会有 606 家，平均投资收益为 131.79 万元，约占基金会年平均收入的 7.05%。

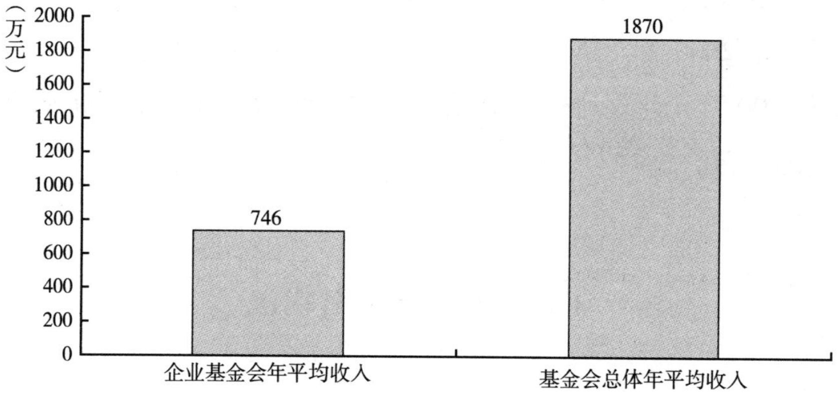

图 12　企业基金会收入与基金会总体比较

不同类型企业基金会在收入上也存在较大差异，民企基金会收入占企业基金会总体的 81.81%，达到 25.33 亿元，平均值为 804 万元/家；国企基金会收入少于民企基金会，占企业基金会总体的 11.41%，达到 3.53 亿元，平均值为 761 万元/家；外企基金会收入最少，占企业基金会总体的 6.78%，达到 2.1 亿元，平均值为 392 万元/家（见图 13）。

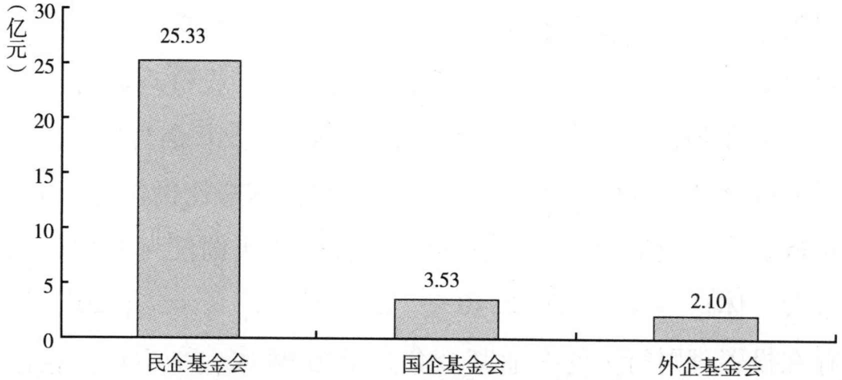

图 13　不同类型企业基金会的总收入比较

在收入结构方面，民企基金会与国企基金会、外企基金会差别不大，捐赠收入占总收入的9成左右。国企基金会和外企基金会均没有服务收入，外企基金会在政府补助方面与民企基金会和国企基金会差距较大（外企基金会的总收入中，政府补助占0.12%，民企基金会这一比例为1.81%，国企基金会这一比例为1.09%）。

从上面的数据我们可以看出，由于各方面条件的制约，基金会保值增值的收入有限，捐赠收入成为企业基金会乃至整个基金会群体的主要资金来源。企业基金会的收入与非企业基金会有着明显的差异。在企业基金会中，民企基金会在收入上处于绝对优势地位。

（二）企业基金会支出状况

2011年基金会总支出约为288.87亿元，平均每家基金会的支出为1208万元。企业基金会总支出约为19.28亿元，约占基金会总支出的6.67%，平均每家基金会的支出为465万元（见图14）。

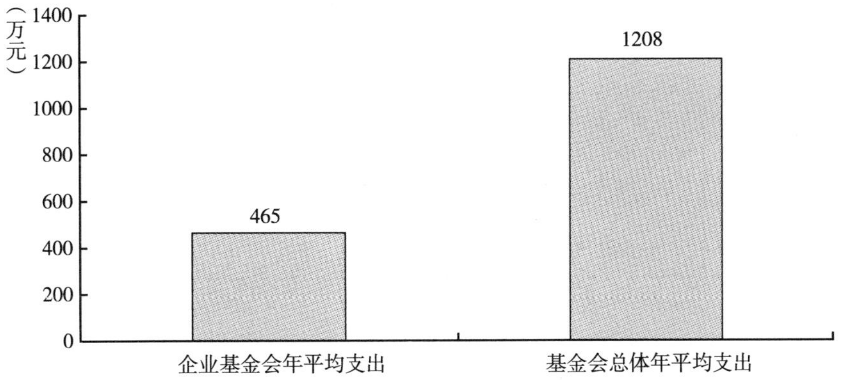

图14　企业基金会与基金会整体的年均支出比较

公益支出是企业基金会的主要支出方向。2011年企业基金会的公益支出约为17.45亿元，占全部支出的90.51%，行政办公、工资福利和其他支出的比例为9.5%。企业基金会与整个基金会群体均符合《基金会管理条例》中“基金会工作人员工资福利和行政办公支出不得超过当年总支出的10%”的相关规定。企业基金会工资福利与行政办公费用占年总支出的3.41%，约为15.86万元。基金会整体工资福利与行政办公费用占年总支出的2.1%，约为24.82万元。企业基金会2011年平均支付每位专职人员工资不超过3.54万元（一些企业基金会的工资福利由发起企业或企业家支付），就基金会整体而言年人均工资不超过3.36万元。

企业基金会中，民企基金会支出占企业基金会总体的82.34%，达到15.88亿元，平均值为504万元/家；外企基金会支出少于民企基金会，占企业基金会总体的10.17%，达到1.96亿元，平均值为367万元/家；国企基金会支出最少，占企业基金会总体的7.49%，达到1.44亿元，平均值为311万元/家（见图15）。

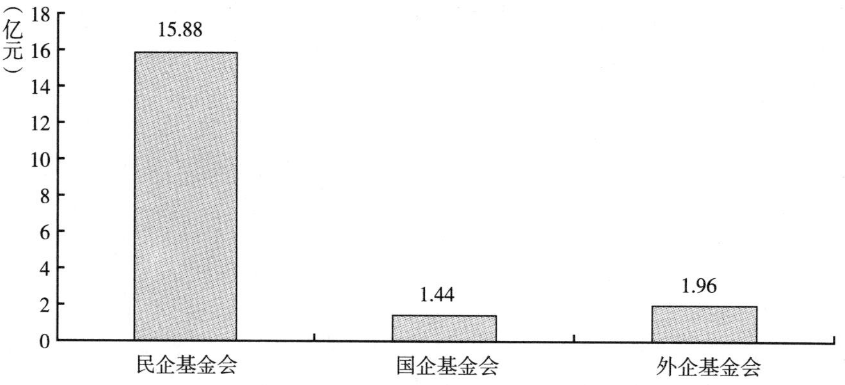

图15　不同类型企业基金会的支出比较

在支出结构方面，外企基金会的公益支出比例最高，为96.63%；其次是民企基金会，为90.39%；国企基金会最低，为83.38%。国企基金会员工工资福利的支出比例最低，为0.24%；

其次是外企基金会，为1.48%；民企基金会最高，为2.32%。在行政办公费用方面，三者之间没有显著差异。

由上可见，企业基金会在公益领域的投入与非企业基金会有着明显的差异。值得一提的是，企业基金会与整个基金会群体一样，行政办公和员工工资福利费用占全部支出的比例非常低，基金会专职人员的月均工资只有2000～3000元，这并不符合现代公益理念，因为基金会需要足够的费用来聘用优秀人才。当然，许多企业基金会的专职人员并不在基金会中领取薪水，而是在企业中领取。这就带来另一个问题，即企业基金会依附于捐资方而引发的独立性问题。当企业基金会独立性不够时，很容易在开展公益项目时将企业诉求置于社会需求之上，无法从根本上解决社会问题。

五　队伍建设与项目运作

（一）企业基金会队伍建设情况

2011年，全国基金会有专职从业人员8532人，基金会的平均专职人数为3.54人/家。其中，企业基金会有专职从业人员1128人，平均专职人数为2.72人/家。企业基金会中民企基金会的专职人员数最高，为3人/家；其次是外企基金会，为2.53人/家；最后是国企基金会，为1.67人/家。

（二）项目运作状况

1. 项目的社会贡献分类

按企业基金会所从事公益项目的不同，把企业基金会对社会的贡献简单地归纳为散财，提供流程化公共服务，给予受助方人文关怀、助人自助，促进多方参与公共治理、培养民主精神，支持重大社会问题研究、促进社会发展五类。五个类别从下至上呈现为层级分布，如图16所示。从第一层到第四层并不是从某个单一维度来衡量的由低到高的发展演进过程，而是一个不断叠加的过程：从第一层到第二层叠加了“效率”，从第二层到第三层叠加了“人文关怀”，从第三层到第四层叠加了“社会创新”。使用这样的分类方法，可以将企业基金会关注的核心问题纳入一个统一的图中加以分析，从而清晰地勾勒出我国企业基金会发展现状及未来发展方向。

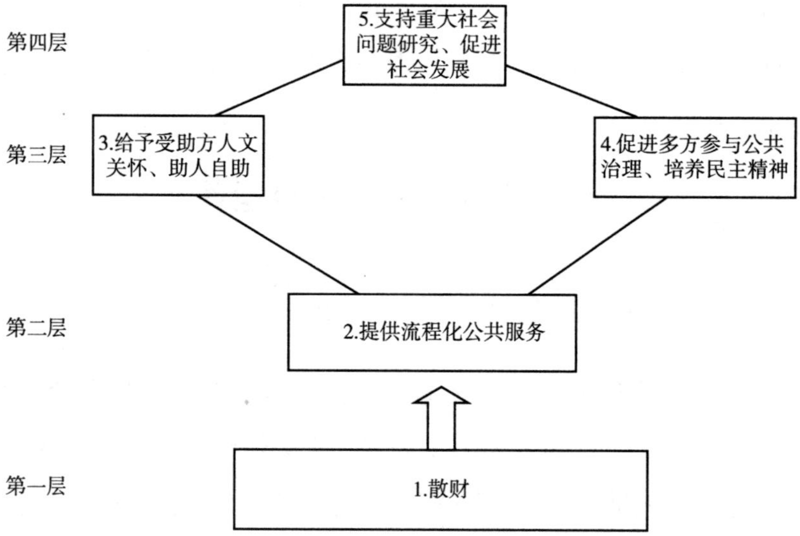

图16　贡献层次图

2. 项目在不同贡献层次的分布

对全国基金会年检数据的分析结果表明，大部分企业基金会的公益项目集中分布在散财（提供基础性资源支持）、提供流程化公共服务两个贡献层次上，分别占企业基金会公益项目总数的73.14%和17.25%，而分布在“给予受助方人文关怀、助人自助”

“促进多方参与公共治理，培养民主精神”“支持重大社会问题研究、促进社会发展”三个贡献层次上的项目数分别仅为 4.22%、0.98%、4.41%，如图 17 所示。

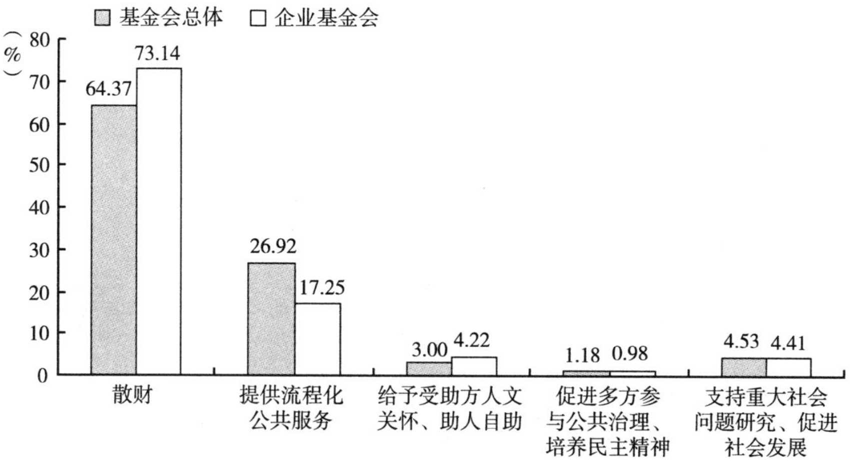

图 17　企业基金会公益贡献分类

通过图 17 还可以看出，无论是企业基金会还是基金会总体，公益项目在贡献层次上的分布基本一致，主要集中在散财、提供流程化公共服务贡献层次，更高贡献层次的公益项目均较少涉及，仍以基础慈善为主。

3. 不同类型企业基金会在贡献层次上的对比分析

虽然大部分企业基金会的公益项目集中在散财和提供流程化公共服务贡献层次上，但不同类型的企业基金会还是存在一定的差异。在散财这个贡献层次上，民企基金会占的比重小于另外两类基金会；而在其他四个贡献层次上，民企基金会占的比重又都高于其他两类基金会，如图 18 所示。由此我们不难看出，国企基金会和外企基金会由于受到各种客观条件的限制，在创新性和变革的魄力方面没有民企基金会强。民企基金会由于资金不受政府控制，所以更能承担尝试带来的风险。而国企基金会的资金来自国有企业，所以在行动上更讲求稳健。

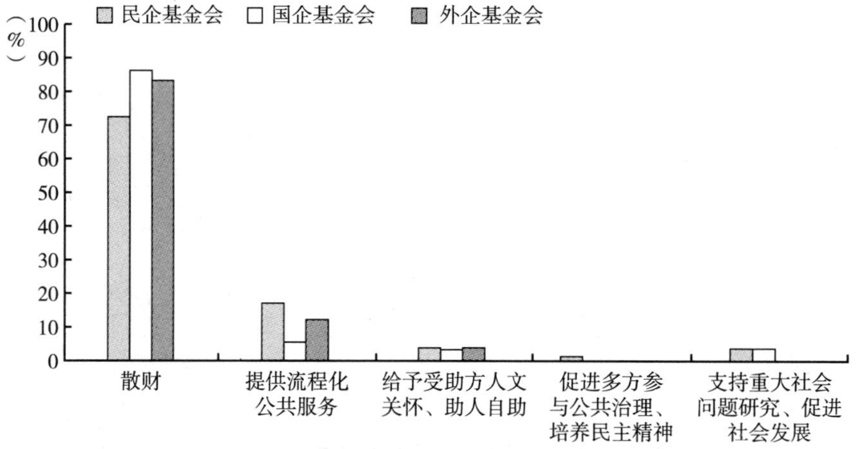

图 18　不同类型企业基金会在公益层次上的比较

需要说明的是，基金会对社会的五类贡献本身没有大小或者高低之分，基金会选择在哪个贡献层次上做公益，不仅取决于所在国的经济发展水平，更取决于基金会本身的发育和成熟程度。一般情况下，公益项目选择的贡献层次越高，对基金会的独立性、纯粹性、专业性的要求也就越高。当前，随着我国综合国力的不断增强和基金会自身发展的需要，基金会向着纵深和更高层次发展已成为必然。首先，政府的大量投入压缩了散财这一贡献层面的空间。政府在推动社会力量进入公益领域的同时，对基础慈善领域也越来越重视，不断加大对社会福利事业的投入。例如，政府加大在教育领域的硬件投入、取消学费与杂费、建立城乡低保制度与提高低保标准、节假日慰问困难群众、提高农村“五保”供养标准、建立因灾死亡人员的抚慰金制度、积极推动大病救助、救助体系覆盖“相对贫困群体”、逐渐完善儿童福利政策、建立与完善老年人的保障与福利体系、维护农民工群体的权益等。其次，在第一、第二贡献层次上集聚了大量企业基金会的资金，这使得企业基金会为企业带来的美誉度出现边际效用递减现象。也就是说，企业基金会在项目、资金扎堆的第一、第二贡献层次中，想脱颖而出是非常不容易的。尽管企业基金会在第一、第二贡献层次上运作项目相对容易，但是想获得超出预期的社会美誉度则非常不易。再次，当前涉猎后两个贡献层次的基金会不多，对于运作技术要求较高的公益和社会创新项目将成为公益组织未来的主战场。

六　优势与不足

（一）企业基金会的优势

1. 拥有相对稳定的资金来源

通常一家企业一旦决定成立基金会，就会不断地向基金会注资，让企业基金会持续地发展，因而我们看到企业基金会在近年快速发展起来，而且数量不断增长。企业携资金进入公益领域，展示了自己的资源优势，让受助者感受到一份来自社会的温暖。例如，中国人寿保险股份有限公司每年会将上一年盈利的3‰捐赠给基金会，万通控股每年净利润的1%和万通地产每年净利润的0.5%会注入北京万通公益基金会，今典集团每年的注资额会占北京苹果慈善基金会年筹款量的50%。虽然许多企业基金会接受来自社会的捐款，但是发起企业和企业家仍是企业基金会最主要的捐赠者。

2. 可以借鉴企业运作的经验

企业作为重要的市场主体，自身具有很多优势。企业成立基金会，可以把企业的一些资源和经验直接带入基金会的运作中。比如真爱梦想基金会、百度基金会、光华基金会就是利用发起企业的先进管理理念、资源以及产品形成了自己具有特色的品牌项目。

3. 可以将企业特长与公益专业性结合起来

上面我们讲到企业先进的管理理念、资源以及产品等方面的优势，而理念、动机、助人技术等又是公益的特色。在企业基金会的运作过程中，要借鉴吸纳企业的优点，使之与自身融合，最终实现“1 加 1 大于 2”的效果。调查发现，一般企业基金会都是运用企业特长多，结合公益专业性少。

4. 创新性和引领性

企业基金会都是非公募基金会，比公募基金会更有创新力。因为公募基金会的资金来自公众捐款，基金会的领导人不敢拿着公众的钱去冒险，而且也没有权力做这样的事情。企业基金会的资金来自企业或者企业家，可以去做尝试。如果成功了，这样的产品是公共物品；如果失败了，这样的风险可以承担。所以企业基金会可以去创新，做一些引领性和试错性的事情。在发达国家这种现象比较普遍，例如福特基金会资助格莱珉银行、史蒂文森项目等；多尔基金会勇于承担风险，尝试推动政府解决高速公路车祸问题。虽然在中国还比较罕见，但是也有一些企业基金会在新的道路上探索，比较典型的案例是凯风基金会。相比名人基金会来说，企业基金会有稳定的资金来源，它们可以放下对于个人名誉或者筹款的顾虑大胆地去尝试。

（二）企业基金会存在的问题

1. 独立性不够

当前，我们看到企业基金会独立性不够，导致其不以社会问题为导向，而以经济目的为导向设立发展战略，在项目开展时无法向更高层次迈进，而停留在较低水平的公益项目上。这使得企业的投入不能给企业带来最高的美誉度，甚至会产生利益的纠葛，引起民众和媒体的质疑，产生不利的影响。

而企业基金会缺乏独立性主要表现在三个方面：①基金会的管理方面。企业基金会由企业或企业家注资设立，出资人或发起人在基金会发展决策中起到了决定性作用；或是理事会组成形式单一，在运作中完全延续了企业的管理风格，仅保留了企业高效、逐利的风格，却忽视了基金会发展的公益性目的。②项目运行方面。部分企业基金会完全附属于出资方，在项目运行中的职能与企业 CSR 部门并无差异，并未体现基金会的公益职能，企业履行社会责任主要目的是塑造企业形象，受益者为企业的利益相关方，而企业基金会项目的受益者应该是社会性的，对企业形象的塑造只是该过程的附带效果。③企业基金会的员工方面。目前很多企业基金会的工作人员为企业员工，虽然这有利于节约行政成本，融合企业优势，但是在决策时难以避免将企业利益而不是公益效益作为出发点。

由于公益领域需要独立的专业性、运作技术和公益价值理念，因而从企业到公益组织的连续体系中，需要在一定程度上切断关系，让公益的事务具有独立运作的基础。

2. 基金会与企业间的利益关联

企业基金会是由企业发起设立的。在设立基金会从事社会公益事业的同时，很多企业也把企业的利益诉求嵌入基金会的发展战略中，从而出现了有损公益效率的现象。企业对利益的诉求促使企业基金在做公益的同时，追求社会的轰动效应，这种追求本来无可厚非，但是有可能影响到公益事业的专业性和层级的上升。这就是说当企业追求一种“作秀”的效应时，就会将它们的公益项目更多地设置在第一层面，或至多在第二层面，而缺乏追求更高层级的动力；同时在每一个层面也缺乏追求公益领域专业性的动机。而最好的方式就是做纯粹的公益，将商业与公益完全区隔开。一些企业通过专注做公益，提升了企业品牌，积累了社会资源，促进了企业发展。

3. 项目运作停留在散财的初级阶段

企业基金会在成立初期，经常会认为拿出钱来真实地从事公益事业就足够了，因而在公益项目的选择上、在项目的运作上，经常局限于初始水平，表现为在公益类型的层级上多数局限于散财。在散财的范围内又局限于专业性偏低的方面，仅仅是拿出钱或物送给所需要的公众。虽然这样的行为是当前社会急需的行为，但是它并不是我们所需要的唯一的公益行为，并且其在物质帮助之外的精神帮助的效果方面存在着不足。比如它对人们的公平感产生怎样的影响，对人们的自主意识和依赖感产生怎样的影响，如何使人们在接受物质帮助的同时也获得有尊严的发展，如何在物质帮助的同时与当地的文化保持和谐而不是产生破坏作用，等等，这些方面都需要一些专业化运作的技术，而不仅仅是给钱。

中国的企业基金会，尤其是民营企业基金会，大多数处于发展的初期，所积累的公益行动经验不足，不像跨国企业那样，有着较为丰富的社会公益经验以及宽阔的国际视野。但是令人高兴的是，已经有一大批企业基金会在成立仅仅两到三年的时间内，就开始快速地由简单的散财走向专业化的公益道路。企业基金会朝着自己的发展目标前行，也可以慢慢摸索出一条最合理的、最有效的道路。

4. 企业特长的“天花板效应”

企业基金会的特长就是企业家精神。企业基金会在追求效率、专注于目标、合理分工、流程化管理等方面，都有一套自己的独特手法。但是，如果把企业中的利益诉求、激励模式、人际关系带到基金会中来，就有可能使思维局限于企业模式，被企业的管理优势所限制，忽略对公益技能的重视和追求，基金会的公益战略发展受到企业的“天花板效应”制约。而事实上，好的管理模式本不分企业与公益，但是很多企业基金会更加注重效率以至于在开展公益时忽视了人文关怀，使项目层次无法上升到应有的层面。

因为当企业基金会发展到一定的阶段之后，对于公共服务与公共管理的更高水平的要求就凸显。第一是在服务方面彰显人文精神和社工技术，既要有独立的公益战略，又要有公益的专业性和公益的特殊管理技能。第二是促使人们合作、参与，形成公共精神，而这也通常会超出企业管理的范围。这一切都需要基金会具有独立于企业的纯粹的公益人特征，而不仅是单纯的管理手法，这一套影响人、关怀人的技术通常是无法通过权力来实现的。

这两方面特长通常是公益领域所特有的，只有将企业管理优势和公益领域的专业优势结合起来，才能实现企业基金会的健康发展。在现实中，尽管一些企业基金会在原初的管理理念中特别强调企业家精神，但更多的企业基金会正逐渐发生着改变。这使我们看到了一种希望，同时也提醒后来者多加留意，防范短板效应。

5. 项目制定的论证环节过于粗放

基金会的项目制定与项目实施有着同等的重要性，但在实际操作中，企业基金会往往忽视了项目制定过程中最重要的论证环节，对社会问题的认识和分析流于表面，最终导致项目开展并未真正抓住社会问题的症结，项目层次停留在较低水平。在美国，如卡耐基基金会资助的美国医学教育转型项目，在开展前期的论证环节耗时两年，考察了全球的医学院系设置，最终成功实施，帮助美国的医学教育与医学研究获得提升。相比较而言，我国企业基金会的研究智库和评估体系非常缺乏，这导致了论证环节的粗放现状。

6. 独立性与美誉度回报之间的悖论关系

企业基金会之所以不独立，其根源就在于有的企业希望通过建立基金会来实现自身的利益回报，主要是美誉度方面的回报。但是，随着公益事业的发展，越是独立的基金会越有能力获得更大的利益回报；越是追求自身利益的企业，在它试图通过企业基金会获得回报的时候，常常适得其反。

如果从美誉度的角度上看，便会出现一种悖论，即越是不追求自己的利益，越能够实现公益行为对自我利益的最大反哺；反之，越是追求自我利益，越容易陷入短期效应的泥潭。最后，在公益效率、企业回报、对社会的实际作用等方面，都无法达到最佳。

七　未来发展的建议

（一）保证企业基金会的独立性成为核心

基金会的独立性是指基金会拥有独立的决策机制、独立的财务制度、独立的运作体系。基金会依靠独立性确保了秘书处向理事会和出资方负责，最终实现了出资方对社会责任的积极承担与企业美誉度的最大化。独立性对企业基金会未来的发展起着至关重要的作用，基金会可以通过以下五种方式来实现独立性。

（1）理事会是基金会最高决策机构，并坚持民主决策。首先，理事可以通过理事会充分履行对基金会的管理职能、表达自己的意见，这既是理事的权利也是理事的义务。理事通过理事会之外的渠道对基金会的任何干预，基金会均不予采纳。其次，理事会成员之外的实权人物、企业的其他重要人物等也必须通过理事会这一渠道来表达自己合理的公益诉求。理事会在履行治理职能的过程中，必须秉承民主协商、民主决策的原则，集体通过基金会的各项决定，避免出现个人和寡头主导基金会工作的局面。其中，基金会秘书长的任免和考核，应该经过理事会民主决策确定，不能由董事会、理事长或其他个人擅自决定。

（2）吸纳外部专业人员成为理事，加强理事会的专业性。为了基金会独立、高效地运作，必须要确保基金会理事能够为基金会发展带来实质性的推动作用。因此，需要基金会的理事会成员能够充分了解和重视基金会的各项工作，熟悉基金会不同于企业的运作规律，提高自身专业性。同时，理事可以发挥各自所长，积极为基金会发展提供不可或缺的各类资源与智力支持。故建议基金会增加来自社会的专业人员，促使基金会更加专业化地运作。

（3）建立独立的财务运作机制。《基金会管理条例》规定，基金会属于独立的法人，基金会的财产及其他收入受到法律保护，任何单位和个人不得私分、侵占、挪用。基金会应当根据章程规定的宗旨和公益活动的业务范围使用其财产。这就要求基金会有一套独立于企业运作的财务机制，管理和运作基金会的资金。

（4）引入专家委员会机制，配合基金会的项目评审和决策。可以邀请外部专家设立专家委员会，对秘书处上报的项目进行评审，并形成专家建议书，为理事会做出最终的决策提供理论依据和参考。

（5）建立面向社会公众的公开透明的机制。为了进一步保证基金会的独立性，可以结合实际情况将基金会的财务、项目审批和实施信息向社会公众公开。

（二）保证公益的纯粹性

将企业利益混入基金会的发展战略本已违背了企业家精神，企业家精神在企业运作中的一个突出表现是：一定要有一个纯粹、清晰、明确的战略，才能取得好的效果。而在企业基金会中，一旦混入企业的利益，便形成了公益战略和为企业赚取名利战略两者的混合。

企业基金会的发展本身已切断了与政府之间的行政纽带，只要切断与企业之间的利益链，一心一意走公益战略道路，将企业精神而非利益链条移植，就能在社会公益领域产生独特的效果。此时，投入同样多的资源，所产生的公益效果将远远高于原来的情形，从而给企业带来更高的美誉度。

在这里出现了这样一个悖论，就是公益带给企业的回报并不取决于其主动追求的程度，而取决于其让外界看到的企业所实现的社会效果。

在企业从事公益事业的初期阶段，由于我国公益起步较晚，发展程度低，因而任何一个初级的、档次较低的公益行为，虽然缺乏专业性，也会起到显著的声誉提升效果。但是随着公益领域规模的扩大和公益组织数量的增加，初级公益的美誉度就会呈边际效益递减趋势。要想真正提高美誉度，就需要在公益效果的实践方面取得突破。大量案例表明，那些真正做公益的企业基金会，那些不追求企业声望与美誉度回报的企业发起方，却更能够给企业带来社会的赞许。

（三）从基础资源提供者到社会创新的推动者和引领者

随着基金会成立年限的增加，企业基金会应逐渐从简单的散财层面进入更高的层次；即使停留于散财层面，也力求做到更加规范化地运作。

企业基金会只要做到独立运作，这样的发展并不难。那些真正思考问题的基金会将获得快速的发展，尽管在初期还处于较低的层级与专业水平，但在运作两三年之后，很有可能出现一些重要的变化。

组织会在探索中获得成长，应当鼓励基金会独立面对社会问题，自主地探索自身的成长之路。当商业的管理技能、理性和务实的精神与公益增能、赋权、助人自助的人文情怀相结合，当企业不再执着于控制公益组织，而是把执行权交给基金会，且与基金会共享资金优势和渠道优势时，基金会就会形成自身优势，就会做得更好。

另外，企业基金会也可以瞄准全国的前沿公益组织和运作模式，扶持“草根”NGO 发展。通过资助公益领域的前沿组织，可以迅速进入公益领域的前沿地带。因此企业基金会可以在发展初期研究全国的前沿公益组织和运作模式，从中找出适合合作的组织和可以参考的项目模式。通过这种方式，将企业的资金优势和政府关系优势同公益组织的专业技术、前沿模式和人力资源结合起来，实现低成本、高效率的运作。正如南都基金会将自身定位为资助型基金会，在整个公益产业链中，扮演“种子基金”的角色，致力于推动民间“草根”公益组织的发展和公益人才的培育。南都基金会发起的银杏伙伴成长计划，致力于资助青年人突破成长瓶颈，成为推动某一公益领域发展的领袖型人才；设立机构伙伴景行计划，致力于资助“草根”NGO 的发展，特别是那些致力于解决转型期社会问题或者对同行有导向示范作用的机构；提议建成了基金会中心网，为政府和社会强化对基金会的监督管理提供了有效渠道；支持宏观性项目，包括通过会议交流与能力建设，推动基金会行业发展，引导出资方进行倾斜性支持，推动“草根”组织资源对接，积极回应行业热点话题，营造良好的公益文化环境。还有腾讯基金会的“筑力计划”，利用互联网平台和基金会的小额资助帮助“草根”公益组织发展，提高它们利用新媒体技术进行筹款和运作的能力，以及对网络技术的应用能力。此类项目从开展以来支持培养了一批优秀的公益伙伴，共同携手助力行业的发展。

企业追求卓越高效，同样基金会也需要追求在公益慈善领域的卓越，否则会淹没在越来越多的组织中。为了避免慈善的“拥挤”“跟风”和风险，企业基金会可以从稳妥的慈善开始，逐步进入更高层次的社会贡献领域，积极主动地从跟随者转型成为公益领域的领跑者。即使是运作传统慈善项目，也应该开垦慈善领域的处女地。这将最大程度地发挥企业的社会责任，使得社会效益和企业的美誉度最大化地提升，也为基金会更高程度的灵活运作提供基础。

（四）注重研究和评估

如前所述，对于运作难度较大的公益项目和社会创新项目，研究和评估显得尤为重要。与此同时，基金会要成为公益领域的领跑者，就需要通过大量的研究和评估工作来把握公益领域的前沿问题和发展脉搏。目前国内公益方向的专业咨询研究机构还不多，因此我们建议企业基金会可以在内部专门建立一个团队或者与外部的研究机构合作，负责项目前期论证、成果研究、评估和一些协调工作。同时基金会还可以从外部聘请专家，配合研究评估团队的工作。这些努力将为基金会带来具有创新性、可复制推广的项目模式，探索前沿的社会问题，为基金会成为公益领域的领跑者打下坚实的基础。

附录　中国100强企业和富豪100强设立企业基金会情况

在中国，越来越多的优秀企业和企业家成立了企业基金会。

2012 年中国民营企业 100 强[①]中有 24 家成立了基金会（见附表 1），2012 年中国国有企业 100 强[②]中有 13 家成立了基金会（见附表 2），2012 年中国富豪榜[③]前 100 名中有 39 人以个人名义或者是所在的企业成立了企业基金会（见附表 3）。从数量上看，民营企业成立企业基金会的数量多于国有企业。在初始资金方面，民企基金会和国企基金会也有很大的不同，国企基金会初始资金明显多于民企基金会。同时，民企基金会之间的差异也很大，有初始资金过亿元的民企基金会，也有初始资金为 200 万元的民企基金会。

附表 1　2012 年中国民营企业 100 强中成立企业基金会的企业名单

排名	企业名称	基金会名称	初始资金	成立时间
1	江苏沙钢集团有限公司	江苏省沙钢公益基金会	2000 万元	2009 年 9 月
4	联想控股有限公司	瀛公益基金会	2000 万元	2010 年 11 月
		北京弘毅慈善基金会	200 万元	2009 年 6 月
6	浙江吉利控股集团有限公司	浙江省李书福教育资助基金会	200 万元	2006 年
7	大连万达集团股份有限公司	瀛公益基金会	2000 万元	2010 年 11 月
10	三一集团有限公司	北京三一公益基金会	500 万元	2013 年 12 月
14	万科企业股份有限公司	万科公益基金会	1 亿元	2008 年
16	杭州娃哈哈集团有限公司	浙江省娃哈哈慈善基金会	1000 万元	2009 年 7 月
17	海亮集团有限公司	浙江省海亮慈善基金会	5600 万元	2008 年 11 月
20	上海复星高科技（集团）有限公司	上海复星公益基金会		2007 年 9 月
		瀛公益基金会	2000 万元	2010 年 11 月
23	东方希望集团有限公司	上海东方希望公益基金会	—	2013 年 8 月

① 根据“2012 年度全国工商联上规模民营企业调研表”整理所得。

② 根据中国企业联合会、中国企业家协会公布的“2012 年中国企业 500 强名单”整理所得。

③ 根据“2013 年福布斯中国 400 强富豪榜”整理所得。

续表

排名	企业名称	基金会名称	初始资金	成立时间
25	恒力集团有限公司	江苏恒力慈善基金会	1000 万元	2012 年 5 月
29	比亚迪股份有限公司	比亚迪慈善基金会	5000 万元	2010 年 7 月
31	天津荣程联合钢铁集团有限公司	荣程慈善基金会	1000 万元	2012 年 2 月
32	碧桂园控股有限公司	碧桂园员工扶助基金会	—	2008 年 3 月
50	新奥集团股份有限公司	新奥公益慈善基金会	200 万元	2005 年 12 月
64	天狮集团有限公司	天狮美景国际爱心基金会	8 亿港元	2003 年 12 月
66	扬子江药业集团	扬子江慈善基金会高港教育基金分会	300 万元	2012 年 9 月
68	海澜集团有限公司	江苏海澜教育发展基金会	1 亿元	2008 年 11 月
70	中南控股集团有限公司	江苏中南慈善基金会	5000 万元	2011 年 5 月
73	华泰集团有限公司	青岛市华泰公益基金会	200 万元	2010 年
78	人民电器集团有限公司	人民电器慈善公益基金	1000 万元	2007 年 9 月
79	盛虹集团有限公司	吴江盛虹爱心基金会	300 万元	2011 年 7 月
80	华盛江泉集团有限公司	华盛江泉集团爱心基金会	—	2012 年 5 月
91	正泰集团股份有限公司	浙江省正泰公益基金会	9000 万元	2009 年 12 月

注：①—为缺失值，在年检报告和可检索到的信息中没有找到相关信息。

②瀛公益基金会是2010年由团中央书记处书记周长奎、中国青年创业国际计划（YBC）总干事谷丽萍、网易公司总裁丁磊、阿里巴巴集团董事局主席马云、大连万达集团股份有限公司董事长王健林、苏宁电器股份有限公司董事张近东、熔盛重工控股有限公司董事局主席张志熔、中国少年儿童新闻出版总社原社长兼总编辑海飞、上海复星高科技（集团）有限公司董事长郭广昌、联想控股有限公司董事长柳传志、中国民生银行董事长董文标11人作为主要发起人、捐赠人成立的全国性、非公募基金会，初始资金共2000万元。

③北京弘毅慈善基金会由联想控股成员企业弘毅投资发起成立。

附表2　2012年中国国有企业100强中成立企业基金会的企业名单

排名	企业名称	基金会名称	初始资金	成立时间
3	国家电网公司	国家电网公益基金会	1 亿元	2009 年 3 月
6	中国移动通信集团公司	中国移动慈善基金会	1 亿元	2009 年 9 月
10	中国海洋石油总公司	中国海油海洋环境与生态保护公益基金会	5 亿元	2012 年 7 月

续表

排名	企业名称	基金会名称	初始资金	成立时间
14	中国人寿保险（集团）公司	中国人寿慈善基金会	5000 万元	2007 年 6 月
15	上海汽车集团股份有限公司	上海汽车工业科技发展基金会	6000 万元	1996 年 2 月
16	东风汽车公司	东风公益基金会	5000 万元	2012 年 6 月
18	中国第一汽车集团公司	一汽自主创新沈曾华奖励基金会	250 万元	2006 年 7 月
21	宝钢集团有限公司	宝钢教育基金会	5000 万元	2005 年 12 月
25	中国华润总公司	华润慈善基金会	5000 万元	2010 年 1 月
26	神华集团有限责任公司	神华公益基金会	2 亿元	2010 年 7 月
37	中国人民保险集团股份有限公司	人保慈善基金会	5000 万元	2008 年 3 月
50	中国远洋运输（集团）总公司	中远慈善基金会	1 亿元	2005 年 12 月
76	山西潞安矿业（集团）有限责任公司	山西省潞安扶贫助学基金会	300 万元	2006 年 8 月

附表 3　2012 年中国富豪榜 100 强中成立企业基金会的名单

排名	企业家	公司名称	基金会名称	注册资金
1	王建林	大连万达	瀛公益基金会	2000 万元
2	宗庆后	娃哈哈	浙江省娃哈哈慈善基金会	1000 万元
3	李彦宏	百度	北京百度基金会	2000 万元
5	马化腾	腾讯	腾讯公益慈善基金会	2000 万元
6	魏建军	长城汽车	北京健康长城公益基金会	2000 万元
7	杨惠妍	碧桂园	碧桂园员工扶助基金会	—
8	马云	阿里巴巴	阿里巴巴公益基金会	5000 万元
10	刘永行	东方希望集团	上海东方希望公益基金会	—
11	陈丽华家族	富华国际集团	北京紫檀文化基金会	200 万元
12	许荣茂	世茂集团	中华红丝带基金会	—

续表

排名	企业家	公司名称	基金会名称	注册资金
14	梁稳根	三一集团	北京三一公益基金会	500 万元
19	丁磊	网易	浙江省网易慈善基金会	1000 万元
			瀛公益基金会	2000 万元
22	王卫	顺丰速运	广东省顺丰慈善基金会	200 万元
24	张欣夫妇	SOHO 中国	SOHO 中国基金会	—
25	张志东	腾讯	腾讯公益慈善基金会	2000 万元
27	王传福	比亚迪	比亚迪慈善基金会	5000 万元
29	鲁冠球父子	万向集团	浙江万向集团慈善基金会	—
31	郭广昌	复星国际	上海复星公益基金会	—
			瀛公益基金会	2000 万元
32	卢志强	泛海集团	泛海公益基金会	2 亿元
36	王玉锁夫妇	新奥集团	新奥公益慈善基金会	200 万元
41	吕向阳	融捷投资、比亚迪股份	比亚迪慈善基金会	5000 万元
43	祝义材夫妇	雨润集团	雨润集团黄山青少年高尔夫运动发展基金会	—
46	邱光和家族	森马服饰	森马慈善基金	2000 万元
47	陈发树	新华都实业集团	福建新华都慈善基金会	1 亿元
48	杨凯	辉山乳业	中华益民文化建设基金会	245 万元
50	徐镜人	扬子江药业	扬子江慈善基金会高港教育基金分会	300 万元
53	刘忠田	忠旺集团	辽宁忠旺集团爱心帮扶基金会	—
56	傅梅城家族	华策影视	浙江华策影视育才教育基金会	200 万元
59	宋作文	山东南山集团	山东南山老龄事业发展基金会	1000 万元
64	严彬	华彬国际集团	北京华彬文化基金会	2000 万元
65	朱共山	协鑫控股	协鑫阳光慈善基金会	—
72	高德康家族	波司登	德康博爱基金会	5000 万元
73	何巧女夫妇	东方园林	北京巧女公益基金会	500 万元
75	魏少军	隆基泰和	河北省隆基泰和慈善基金会	200 万元
80	朱孟依父子	合生创展	广东省合生珠江教育发展基金会	400 万元
84	周成建	美邦服饰	美邦情缘基金会	—
85	陈建华夫妇	恒力集团	江苏恒力慈善基金会	1000 万元
88	刘志强夫妇	广东香江集团	香江社会救助基金会	5000 万元
99	刘强东	京东商城	宿迁市宿豫区京东特困救助基金会	200 万元

注：—为缺失值，在年检报告和可检索到的信息中没有找到相关信息。

B.5 境外基金会代表机构发展报告

摘 要：

境外基金会是指在外国以及中华人民共和国香港特别行政区、澳门特别行政区和台湾地区合法成立的基金会。自2004年《基金会管理条例》颁布以来，截至2012年底，民政部已批准登记注册了24家境外基金会代表机构。这些已登记的境外基金会代表机构累计支出53.83亿元，在中国内地实施了2187个公益项目，共投入公益资金49.64亿元。本报告分为境外基金会代表机构发展状况、境外基金会代表机构项目实施情况和部分境外基金会代表机构项目简介三个部分，结合历年境外基金会代表机构年度检查情况，从发展背景、设立登记情况、收支情况、工作人员情况、活动领域、区域特点和运作方式等方面，对这些境外基金会代表机构的现状进行了呈现。

关键词：

境外基金会代表机构　发展状况　项目实施　项目简介

一 发展状况

（一）发展背景

1978年开始的改革开放为境外非政府组织（NGO）来华活动

创造了条件。重新融入国际社会的中国不仅吸引了不断增长的外商投资，也吸引着各类境外非政府组织来华开展活动。对中国来说，最早接触到的境外基金会是美国洛克菲勒基金会，对该基金会而言，中国也是其最重要的海外工作对象。1979 年，中美建交伊始，福特基金会便与中国社会科学院签署合作协议，成为改革开放以后第一个正式来华活动的境外非政府组织。鲁斯基金会、亚洲基金会、世界自然基金会等境外非政府组织也相继来华，与政府有关部门或事业单位合作，在教育、卫生、环保、农业、学术等领域开展活动。

1984 年，联合国开发计划署建议中国政府在接受政府间国际组织援助的同时，也接受国际非政府组织（INGOs）的援助。当时的外经贸部专门组建了中国国际经济技术交流中心和中国国际民间组织合作促进会，负责联络国际非政府组织援华工作。一批国际性非政府组织通过此渠道进入中国开展活动。

1995 年第四届世界妇女大会在京召开，其间的 NGO 论坛，使得慈善、人权、环保、艾滋病、妇女儿童保护等不同领域的境外非政府组织在京集体亮相。之后，境外非政府组织来华数量比过去显著增长，据有关研究机构估计，在中国加入世界贸易组织之前，来华的国际性非政府组织中，有 40% 是在世妇会后来华的。

而后，中国于 2001 年加入世界贸易组织，各类经济、贸易、行业、咨询类的境外非政府组织纷纷登陆中国沿海开放地区。其中以来自美国、日本、韩国、现欧盟成员国等与中国经贸关系密切的国家或地区者居多，这些行业协会、农产品协会、商会、咨询中心等涉外社会组织涉及众多经济领域，对我国国民经济及双边和多边经贸关系的影响日益显著。

随着我国改革开放向纵深发展，以及中外民间交流在范围和领域上不断拓展，越来越多的境外非政府组织来华开展活动。据有关研究机构估算，目前在华活动的境外非政府组织约有3000个。它们类型多样，有基金会、协会、商会、非营利公司、公益信托等多种组织形式；其背景各异，有些是纯民间的非营利组织，有些具有国家、政府或政党背景，有些具有浓厚的宗教背景，还有一些强调其超越国界的国际性；其活动方式多种多样，有些仅提供资金，委托国内单位实施项目，有些与国内单位合作开展项目，有些则自行实施项目，开展活动；其活动地域广泛，有些覆盖我国各省市自治区，有些主要在大城市开展活动，有些则集中于中西部地区或民族自治区域；其业务范围和价值取向各有侧重，有些侧重于卫生保健事业，有些致力于教育和学术研究，有些从事扶贫开发和农业发展，有些着眼于慈善救济和社会福利事业，还有些致力于拯救动植物和环境保护。总的来看，在华的境外非政府组织呈现数量上不断增长、活动领域上日益拓宽、社会影响力日益增大的态势。

随着境外非政府组织在华开展活动的日益频繁，它们在经济社会许多方面都产生着影响。2008年中国发生的两件大事，使普通民众对境外非政府组织更加关注：汶川大地震中，许多境外非政府组织积极参与抗震救灾和灾后重建，显示了非政府组织在突发重大事件中的积极性与灵活性；而北京承办的2008年奥运会本身就是最著名的国际非政府组织之一——国际奥委会的赛事活动。在全球化的大背景下，境外非政府组织来华开展活动，作为中国改革开放、市场经济与民主法制建设的必然结果，已成为一种不可忽视的社会现象。

2004年国务院颁布的《基金会管理条例》首次允许境外基金会在中国境内设立代表机构，这是中国基金会管理政策的一项重大突破，为以基金会形式存在的境外非政府组织在中国境内取得合法身份提供了法律依据，是涉外社会组织管理领域目前最重要的创新。为了确保《基金会管理条例》顺利实施，民政部门积极协调有关部门，按照部门分工逐一落实业务主管单位职责。同时，不断健全完善配套规章制度，会同、配合有关部门出台了《关于基金会、境外基金会代表机构办理外国人就业和居留有关问题的通知》《关于境内机构捐赠外汇管理有关问题的通知》等，明确了境外基金会代表机构聘用外籍人员、结转外汇等事宜的条件和程序。《基金会管理条例》及其配套规章的制定为下一步修订《社会团体登记管理条例》和《民办非企业单位登记管理暂行条例》提供了可以借鉴的范本。

（二）设立登记情况

2004 年国务院颁布的《基金会管理条例》首次允许在外国以及香港特别行政区、澳门特别行政区和台湾地区合法成立的境外基金会在中国境内申请设立代表机构。该条例规定，国务院民政部门负责境外基金会在中国内地设立的代表机构的登记管理工作；境外基金会代表机构应当从事符合中国公益事业性质的公益活动；境外基金会对其在中国内地代表机构的民事行为，依照中国法律承担民事责任。2006 年，世界经济论坛北京代表处作为第一个境外基金会代表机构在民政部获准设立登记。2007 年，作为比尔·盖茨访华的成果之一，比尔及梅琳达·盖茨基金会（美国）设立了其北京代表处，并由此带动了威廉·杰斐逊·克林顿总统基金会北京代表处、世界自然基金会（瑞士）北京代表处等 10 个境外基金会代表机构的登记注册，由此释放了自 2004 年《基金会管理条例》颁布以来积累的设立申请。此后，境外基金会代表机构以每年 3 个左右的速度增长（见表 1）。

表 1　境外基金会代表机构历年登记数量

单位：家

年份	2006	2007	2008	2009	2010	2011	2012	2013
数量	1	10	2	1	2	3	0	5

截至 2013 年 9 月，民政部已登记境外基金会代表机构 24 个（见表 2）。图 1 反映出 2006～2013 年的历年机构数量变化。

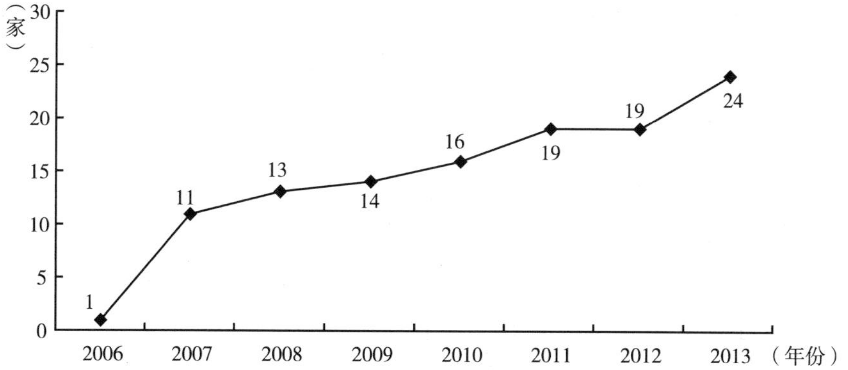

图 1　境外基金会代表机构数量变化

表 2　境外基金会代表机构名录

序号	名称	登记证号	业务主管单位	登记时间
1	世界经济论坛北京代表处	外基证字第 9501 号	发改委	2006.8
2	比尔及梅琳达·盖茨基金会（美国）北京代表处	外基证字第 9502 号	卫生与计生委	2007.5
3	威廉·杰斐逊·克林顿总统基金会北京代表处	外基证字第 9503 号	卫生与计生委	2007.5
4	唐仲英基金会（美国）江苏办事处	外基证字第 9504 号	侨办	2007.9
5	中国－默沙东艾滋病基金会（美国）北京代表处	外基证字第 9505 号	卫生与计生委	2007.9
6	世界健康基金会（美国）北京代表处	外基证字第 9506 号	卫生与计生委	2007.9
7	中华孤残儿童基金会（美国）北京办事处	外基证字第 9507 号	民政部	2007.9

续表

序号	名称	登记证号	业务主管单位	登记时间
8	应善良福利基金会(香港)上海办事处	外基证字第 9508 号	侨办	2007. 9
9	中华爱心基金会(美国)北京代表处	外基证字第 9509 号	民委	2007. 10
10	世界自然基金会(瑞士)北京代表处	外基证字第 9510 号	国家林业局	2007. 10
11	李嘉诚基金会(香港)北京办事处	外基证字第 9511 号	民政部	2007. 11
12	半边天基金会(美国)北京办事处	外基证字第 9512 号	民政部	2008. 6
13	梅里埃基金会(法国)北京办事处	外基证字第 9513 号	卫生与计生委	2008. 11
14	香港顺龙仁泽基金会顺德代表处	外基证字第 9514 号	民政部	2009. 1
15	能源基金会(美国)北京办事处	外基证字第 9515 号	发改委	2010. 3
16	中华浩德国际基金会(美国)北京代表处	外基证字第 9516 号	民政部	2010. 12
17	保护国际基金会(美国)北京代表处	外基证字第 9517 号	林业局	2011. 6
18	新希望基金会(香港)北京代表处	外基证字第 9518 号	民政部	2011. 7
19	美国中华医学基金会北京代表处	外基证字第 9519 号	卫生与计生委	2011. 11
20	国际和平交流基金会(香港)深圳代表处	外基证字第 9520 号	民政部	2013. 1
21	欣欣教育基金会(美国)北京代表处	外基证字第 9521 号	侨办	2013. 1
22	财团法人研华文教基金会(台湾)北京代表处	外基证字第 9522 号	台办	2013. 1
23	达米恩基金会(比利时)北京代表处	外基证字第 9523 号	卫生与计生委	2013. 1
24	国际救助儿童会(英国)北京代表处	外基证字第 9524 号	民政部	2013. 4

这些境外基金会代表机构从总部所在地来看，共涉及 7 个国家和地区，其中美国 12 个，瑞士 2 个，法国 1 个，比利时 1 个，英国 1 个，中国香港 6 个，中国台湾 1 个（见图 2）。

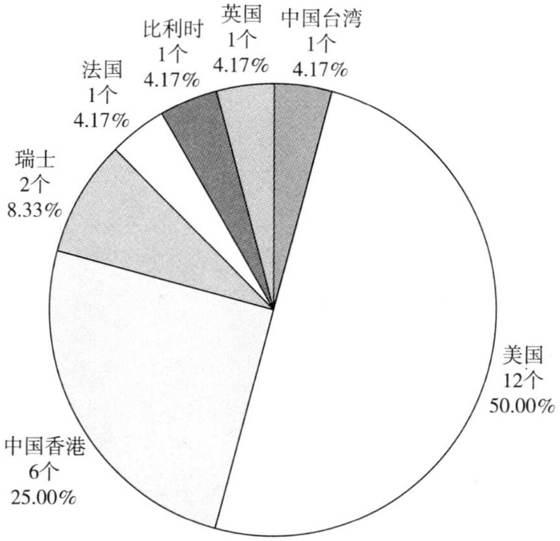

图 2　境外基金会代表机构总部分布

从业务主管单位来看，共涉及6个业务主管单位，其中民政部担任业务主管单位的有8个的，卫生部（卫生与计生委）7个，侨办3个，发改委和国家林业局各2个，民委和台办各1个（见图3）。

（三）收支情况

《基金会管理条例》规定，境外基金会代表机构不得在中国境内组织募捐、接受捐赠，因此境外基金会代表机构的主要收入来源应为总部拨款以及境外其他机构的捐赠。2006～2012年，境外基金会代表机构累计获得收入59.48亿元，其中总部拨款53.92亿元，约占总收入的90.65%（见表3）。

由于受到国际金融危机和欧债危机的影响，境外基金会筹资来源减少，纷纷削减了海外公益支出，2009年和2012年，境外基金会代表机构的总收入比上年分别同比减少了10.75%和17.97%，但总体而言，境外基金会代表机构的收入呈现增长的态势（见图4）。

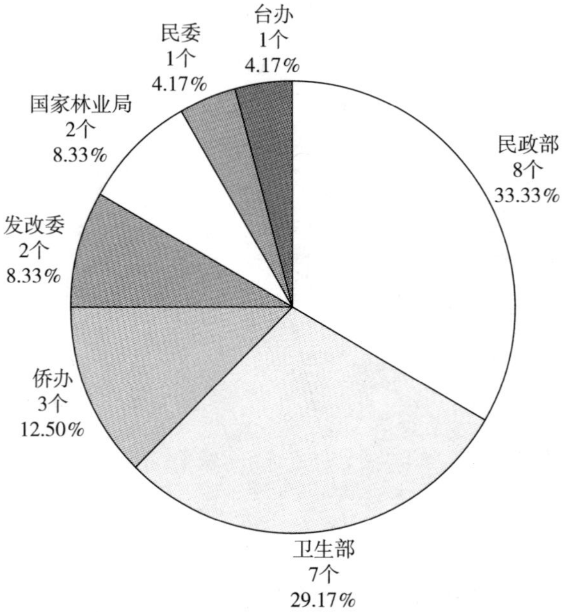

图 3　境外基金会代表机构业务主管单位分布

表 3　境外基金会代表机构年度收入构成

单位：亿元，%

年　份	总收入	总收入增幅	其中总部拨款	总部拨款比例
2007	5. 26	—	4. 63	88. 02
2008	8. 65	64. 45	7. 59	87. 75
2009	7. 72	- 10. 75	6. 87	88. 99
2010	12. 73	64. 90	11. 65	91. 52
2011	13. 80	8. 41	13. 60	98. 55
2012	11. 32	- 17. 97	9. 58	84. 63
总　计	59. 48	—	53. 92	90. 65

2006 ~ 2012 年，境外基金会代表机构累计支出 53. 83 亿元，在中国内地实施了 2187 个公益项目，共投入公益资金 49. 64 亿元，约占总支出的 92. 22%（见表 4）。

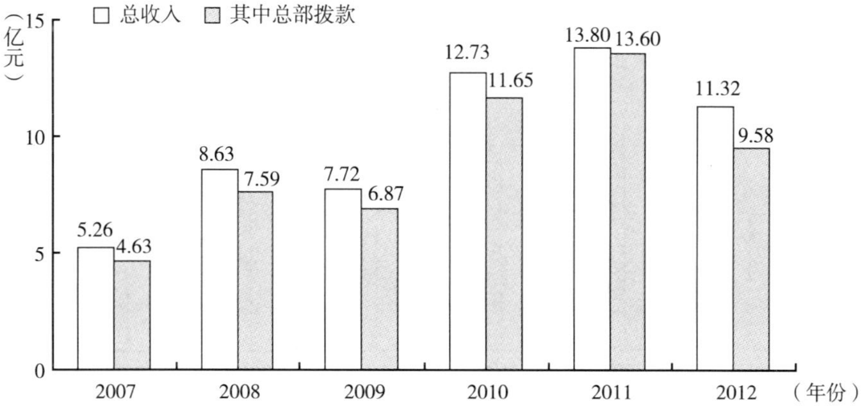

图 4　历年境外基金会代表机构收入状况

同样由于国际金融危机和欧债危机的影响，2009 年和 2012 年，境外基金会代表机构的公益支出比上年分别同比减少了 10.06% 和 3.65%。但同时，各代表机构公益项目的总数比上年有所上升（见图 5），业务活动范围和项目开展地域有增无减，说明目前境外基金会来华开展公益项目的总体意愿并未发生明显改变。

表 4　境外基金会代表机构年度支出构成

单位：亿元，%

年　份	总支出	总支出增幅	其中公益项目支出	公益项目支出比例
2007	4.87	—	4.53	93.02
2008	8.15	67.35	7.68	94.23
2009	7.33	-10.06	6.78	92.50
2010	10.90	48.70	10.02	91.93
2011	11.50	5.50	10.50	91.30
2012	11.08	-3.65	10.13	91.43
总　计	53.83	—	49.64	92.22

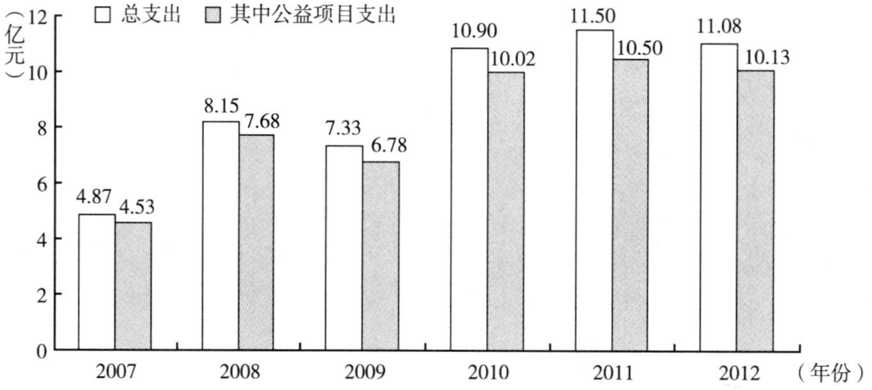

图 5　历年境外基金会代表机构支出状况

（四）工作人员情况

从机构规模来看，2012 年境外基金会代表机构有专职工作人员 407 人，兼职工作人员 38 人，另有志愿者 36 人（见表 5）。各代表机构都配备了与机构规模和工作内容相匹配的人员团队。

由于大部分代表机构开展的活动为资助型，一般通过合作单位实施公益项目，代表机构工作人员数量大多在 10 人左右。也有少数代表机构聘用工作人员直接提供服务或实施公益性活动，其中，新希望基金会（香港）北京代表处的工作人员达 132 人，世界自然基金会（瑞士）北京代表处为 122 人。

表 5　2012 年境外基金会代表机构工作人员配备情况

单位：人

分类标准	按专兼职分类		按是否内地居民分类	
类　型	专职员工	兼职员工	内地员工	非内地员工
数　量	407	38	428	17
合　计	445		445	

二　项目实施情况

（一）活动领域

从2012年年检情况看，有9个境外基金会代表机构在单一领域实施公益项目，其余均跨2个以上领域实施项目。各境外基金会代表机构主要在卫生、教育、慈善、环保等领域开展公益活动（见表6、图6），李嘉诚基金会（香港）北京办事处、能源基金会（美国）北京办事处等部分代表机构开始涉足新农村建设、妇女参政、能源政策等领域，呈现项目本土化趋势。

表6　2012年境外基金会代表机构项目开展领域

单位：个

领域	教育	卫生	文体	环保	慈善	学术	三农
代表机构数量	8	9	1	4	8	2	3

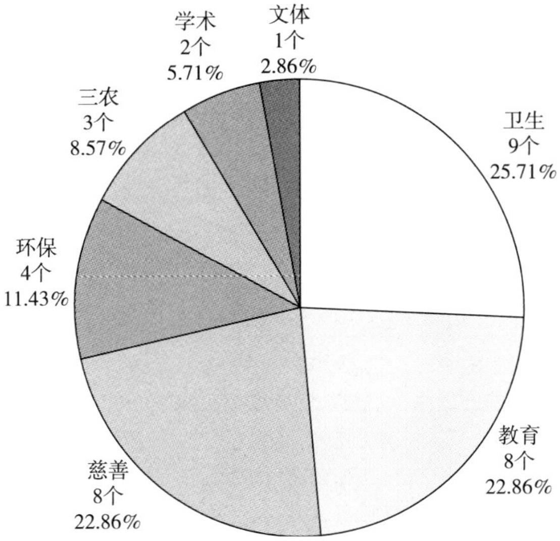

图6　2012年境外基金会代表机构项目开展领域

（二）区域特点

从2012年年检情况看，各境外基金会代表机构的活动基本覆盖国内各省、自治区、直辖市，较集中于陕西、四川、河北、重庆等中西部地区，以及北京、上海等对外开放程度较高的地区（见图7）。其

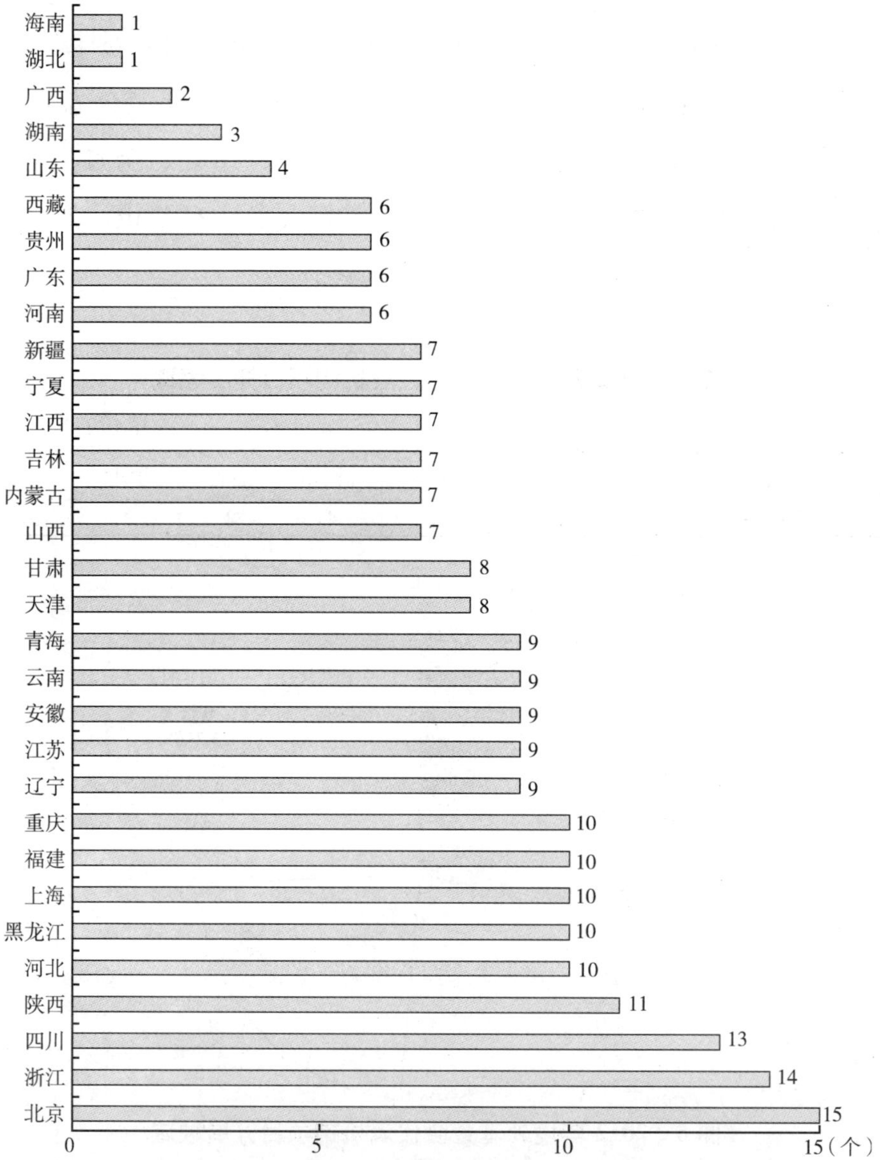

图7　各地开展活动的代表机构数量

中，半边天基金会（美国）北京办事处、中华浩德国际基金会（美国）北京代表处的活动涉及全国各省、自治区、直辖市。

（三）运作方式

从 2012 年年检情况看，各境外基金会代表机构主要通过与政府机关和事业单位合作实施公益项目，部分代表机构与社会组织合作执行项目，少数代表机构与企业合作开展项目（见表 7、图 8）。中华浩德国际基金会（美国）北京代表处等少数机构开展了直接捐赠资金、提供服务的活动。

表 7　2012 年境外基金会代表机构的项目运作方式

单位：个

方式	政府合作	事业单位合作	企业合作	社会组织合作	直接捐赠	直接提供服务
个数	16	17	5	11	3	2

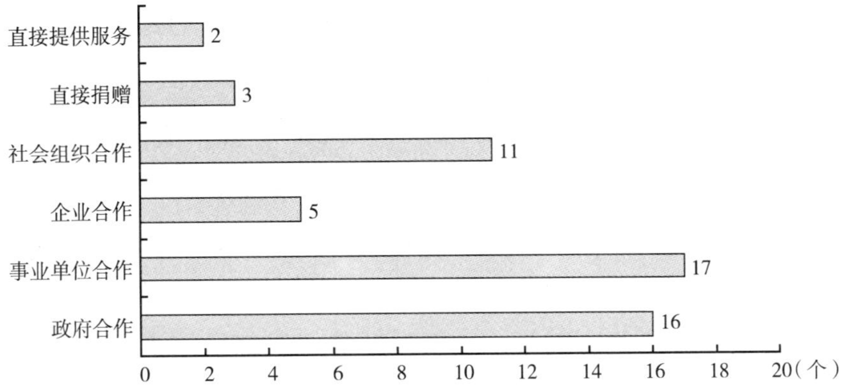

图 8　2012 年境外基金会代表机构的项目运作方式

总体上看，境外基金会代表机构的公益活动在改善部分地区贫困人员生活、资助贫困学生接受教育、参与灾害救助、卫生保健和环境保护等方面发挥了一定的积极作用。其中，李嘉诚基金会（香港）北京办事处在全国的资助范围最广、公益投入资金量最大。基金会秉承以布施为源，培育社会共济精神的理念，自1980年已累计支持100多亿港币用于内地的助学、医疗、赈灾、三农等项目，其“全国宁养医疗服务计划”累计服务患者约11万人，荣获第六届中华慈善奖“最具影响力的慈善项目”。比尔及梅琳达·盖茨基金会（美国）北京代表处除了在艾滋病项目、结核病项目和控烟项目继续投入资金外，还积极推动盖茨基金会拓展在华资助领域，支持中国农科院和中科院研究开发新型水稻品种，并与科技部签订了创历史纪录的3亿美元的战略合作备忘录，用于支持全球卫生和农业新产品的服务和研发。能源基金会（美国）北京办事处注重支持国家政策的拟定及实施能力的建设，资助包括中央和地方的100余家研究单位，在建筑节能、工业节能、可再生能源发展和低碳发展等方面研究制定有关行业标准，推动相关配套政策的出台。唐仲英基金会（美国）江苏办事处、应善良福利基金会（香港）上海办事处等由海外华人个人出资设立的基金会通过与各地侨办开展合作，在教育、卫生、农村建设等方面投入大量公益资金，他们通过地方政府部门的力量，一方面完成了对资助对象的遴选，另一方面也确保了对项目的跟踪管理和成果检验，形成了一定可持续性的项目模式。此外，中华孤残儿童基金会（美国）北京办事处、半边天基金会（美国）北京代表处、中华浩德国际基金会（美国）北京代表处在孤残儿童助学、助医、助养、保育员培训等方面也做了一些工作，惠及了全国各地多所福利院的近万名孤残儿童。

三　部分境外基金会代表机构项目简介

目前，境外基金会代表机构在中国内地的数量并不显著，却代表了一种重要的组织类型，它们活跃在教育科技、医疗卫生、文化艺术、环境保护等领域，为中国公益事业做出了一定的贡献。2013年2月，民政部顾朝曦副部长在出席境外基金会代表机构工作座谈会时曾指出，境外基金会是中国公益事业发展的重要力量和有益补充，境外基金会的组织模式和管理经验可供中国本土社会组织在改革发展中学习和借鉴。

（一）比尔及梅琳达·盖茨基金会（美国）北京代表处

比尔及梅琳达·盖茨基金会成立于2000年，总部位于美国西雅图。基金会的宗旨是秉承“所有生命价值平等”的理念，致力于帮助每个人过上健康、富有成效的生活。在发展中国家，基金会的工作重点是提高人们的健康水平，使他们有机会摆脱饥饿和极端贫困。主要项目领域有全球健康、全球发展、政策与倡导，以及美国项目。在中国，该基金会最初的工作重点是艾滋病防控。但随着中国的研发创新能力及生产制造方面的成本优势日益凸显，以及中国对外援助资金快速增长的态势，中国正逐渐成为其全球发展的重要合作伙伴。目前该基金会在中国的工作领域已经拓展至结核病防治、烟草控制、农业及疫苗研发等领域。

中国国家卫生部－盖茨基金会艾滋病防治合作项目介绍：

（1）立项背景：2006年之前中国HIV感染者人群中，有超过70%的感染者未知晓其感染状态，为高危和潜在传播源，公共卫生部门有必要及时发现和告知这部分感染者，并提供相应的关怀和治疗服务，以减少HIV病毒的传播。同时，中国男－男性接触人群的HIV感染率快速上升，逐渐成为主要的艾滋病高危人群，但当时没有有效的干预手段。因此有必要在中国推行创新、有效的防治措施，减少HIV在高危人群中的传播。

（2）合作单位：国家卫生部、中华预防医学会、中国性病艾滋病防治协会、清华大学。

（3）项目预算：5000 万美元。

（4）项目实施概况：中国国家卫生部 – 盖茨基金会艾滋病防治合作项目是比尔及梅琳达·盖茨基金会在中国的第一个大规模的公共卫生慈善项目。2004 年开始立项讨论，2007 年 11 月中国卫生部与比尔及梅琳达·盖茨基金会签订协议，2008 年下半年开始实施。项目的执行周期为 5 年。参与该项目的城市包括北京市、上海市、天津市、重庆市、哈尔滨市、沈阳市等。该项目设计以较大的城市为重点，以高危人群的艾滋病预防为重点，尤其是男 – 男性行为人群。

该项目具有明确的实施理念和策略，即将“检测是干预的重要手段，治疗是预防的重要手段”作为项目的核心理念，通过促进 HIV 检测，扩大感染者发现，并对感染者提供强化干预，促进抗病毒治疗，以降低艾滋病进一步传播。

该项目致力于促进社区组织参与艾滋病防治，强化政府与非政府的合作，建立社区组织、疾控部门及医疗机构“三位一体”的艾滋病防治模式。

该项目管理采用商业部门常用的“以结果为导向的绩效管理机制”，强调通过实际可测量的指标和能够得到验证的效果来评估实施效果，经费使用实行购买服务的做法。

该项目强调重点及难点领域的探索与创新，同时与国家艾滋病规划高度整合，以便能够在国家范围产生影响。

（5）项目实施效果：中国国家卫生部 – 盖茨基金会艾滋病防治合作项目实施 5 年多来，对我国及项目地区的艾滋病防治工作的重点及难点领域的策略与模式探索发挥了重要的作用。该项目极大地改善了男－男性行为人群艾滋病防治工作的政策环境，将该人群艾滋病防治的重要性提高到了全新的高度；显著促进了政府部门对社区组织参与艾滋病防治重要性的认识，推动了社区组织参与艾滋病防治工作的程度，并显著提高了其工作能力；引入了新的策略与理念，其所倡导“扩大检测及治疗”的理念已经成为我国艾滋病防治的核心策略。

（二）唐仲英基金会（美国）江苏办事处

唐仲英基金会是爱国华侨唐仲英先生于1995年在美国内华达州注册设立的慈善基金会，包括唐仲英基金会（中国）、唐仲英基金会（美国）和唐氏中药研究基金会。基金会的宗旨是“服务社会，奉献爱心，推己及人，薪火相传”。唐仲英基金会（美国）江苏办事处的业务范围主要是在中国资助教育、医疗事业及其他社会公益事业，负责唐仲英基金会在中国所有公益项目的实施。在华主要公益项目有：在21所高校和1个地区设立唐仲英德育奖学金；在13个地区的中学设立唐仲英爱心奖学金；在中西部地区农村开展薪火乡村教育援助计划及薪火农业示范村项目；资助中国高校教育、科研项目，如与清华大学共同设立“清华大学唐仲英学生领导力培养计划基金”等；资助医疗卫生项目，如与中国中医科学院合作，设立唐氏中药发展奖等。

薪火农业示范村项目介绍：

从2005年起，唐仲英基金会与西北农林科技大学合作，在陕西省周至县两个贫困村实施薪火农业示范村项目，通过“民间资金（基金会）＋科学技术（大学）＋当地资源（示范村、农户）”三结合，探索用科技扶贫的办法来帮助中西部地区农村发展、农民致富。根据当地资源具体情况，在周至县北双庙村实施了“奶牛—沼气—大樱桃循环经济科技扶贫示范基地”，奶牛养殖产生的粪便通过沼气池无害化处理用于家庭沼气，沼液沼渣用于种植大樱桃，帮助农民生产致富。在周至县虎峪村实施“杂果产业扶贫示范基地”，指导农民种植核桃杂果生产致富。

通过合作三方的共同努力，薪火农村示范村项目已经取得较好的成效。北双庙村目前已建立奶牛养殖合作社和樱桃合作社，建成300头规模的奶牛养殖小区，160户村民用上了沼气，485亩大樱桃全部进入高产期，每亩樱桃收入超万元。2012年村民人均收入达到6800元，是项目实施前的6倍多。虎峪村建成良种核桃园500亩，改造原有老劣核桃树5200多株，改造杏园400亩。2012年村民人均收入达6000元，是项目实施前的7倍多。而且，两个村的村民科技意识显著提升，村容村貌明显改善，两个村都被国务院侨务办公室授予全国“侨爱新村”称号，成为西安市和周至县新农村建设示范村，带动了周边农村的发展。

在此基础上，2013年，唐仲英基金会与西北农林科技大学合作，在陕西省富平县留招村、安康市吴台村启动了新的农业科技扶贫示范项目。

（三）世界自然基金会（瑞士）北京代表处

世界自然基金会（World Wide Fund for Nature，WWF）是全球最大的独立性非政府环保组织之一，总部位于瑞士格兰德。自1961年成立以来，WWF已经在全世界拥有500多万支持者和一个活跃在100多个国家的全球网络。WWF的使命是遏制地球自然环境的恶化，创造人类与自然和谐相处的美好未来。为此WWF致力于保护世界生物多样性，确保可再生自然资源的可持续利用，推动降低污染和减少浪费性消费的行动。WWF在中国的工作始于1980

年，是第一个应中国政府邀请来华开展保护工作的国际非政府环保组织。发展至今，WWF 在中国共有 120 多名员工，项目领域也由最初的大熊猫保护扩大到物种保护、淡水和海洋生态系统保护与可持续利用、森林保护与可持续经营、气候变化与能源、野生物贸易、绿色经济和生态足迹等领域，累计在中国投入资金逾 10 亿元人民币。

长江生态区项目介绍：

长江是中国的母亲河，是全球生物多样性最丰富的生态区之一。但重工业发展、水坝建设、土地不合理利用，再加上气候变化的影响，使长江成了世界上受污染和破坏最严重，并面临严峻水危机的河流之一。在汇丰银行、可口可乐等企业和机构的资助下，WWF 联手各级政府部门、各大研究机构、相关环保组织开展了一系列的保护工作，并与企业、社区等建立了良好的合作关系，推动试点示范和政策倡导，实现长江流域的有效保护。

过去 30 年，WWF 在长江流域开展了 100 多个保护项目，范围包括高原湿地、上游水源地、两湖地区、河口湿地、宏观政策等，逐步形成了以“保障水资源，提升人与自然福祉”为宏观愿景，以“维持河流自然流淌”和“守护典型淡水生境”为基本目标，以“水保护”“水安全”“水管理”为总体战略的项目支撑体系，并取得了如下成效。

（1）建立湿地保护网络，提高自然系统自我恢复力。WWF 与国家林业局共同发起成立了中国首个基于流域层面的“长江流域湿地保护网络”，现拥有 143 个网络成员，覆盖 24 万平方公里土地面积，推动了 8 万平方公里湿地的有效保护。

（2）重建江湖联系，恢复生命之网。WWF 推动了 50 个长江中下游湖泊通过闸坝可持续管理实现了季节性连通，增加了 55.35

亿立方米的蓄洪能力，滋养了5000多平方公里的湿地。

（3）倡导流域综合管理，推动水政策不断完善。从政策到实践，WWF支持了长江论坛、黄河国际论坛等大型政策平台；发起并资助中国环境与发展国际合作委员会建立了流域综合管理课题组，成立了以陈宜瑜院士为组长的流域综合管理专家组，向国务院及其他政府部门提交了相关政策建议；引入了国际先进经验，为新一轮流域综合规划修编注入新理念；同时还推动了赤水河、洞庭湖等流域综合管理试点项目。

（4）倡导环境流理念，推动可持续水电。WWF致力于倡导使水质、水量的时空分布都能满足淡水生态系统和人类可持续发展需求的河流水流机制，积极推动了三峡公司的生态调度试验，并成功引进了水电可持续性的国际标准，努力维持河流的健康状态。

（5）发起湿地使者行动，开展公众宣传教育。“湿地使者行动”是WWF和国家林业局等为提高公众湿地保护意识而开展的大型公益宣传活动，自2001年以来，该活动每年举行一次，并与“江豚观察”“湿地水鸟调查”等一起，成为了WWF开展公众宣传教育的核心平台。

（四）李嘉诚基金会（香港）北京办事处

李嘉诚先生在1980年成立了李嘉诚基金会，旨在推动社会建立“奉献文化”。他视基金会为他的“第三个儿子”，并投入其1/3的资产。李先生相信通过教育可增强人力和文化资源，通过医疗服务与研究可建立一个关怀的社会，二者均为重要的社会资本。自成立至今，李嘉诚基金会对教育、医疗、文化及公益事业的捐款逾144亿港元，其中约90%用于支持大中华地区的教育改革和医疗服务项目。

中国妇女项目介绍：

李嘉诚基金会捐资支持中国妇女项目，包括启璞计划——村“两委”女干部培训试点项目和“集思公益幸福广东”——支持妇女计划，鼓励女性自我学习和持续发展，参与移动网络科技的平台，通过项目发挥杠杆作用，带动更多政府支持及社会资源投入，提高妇女自身及推动社会发展的能力，并促进社会各界参与支持，产生更深远的社会影响。

1. 启璞计划——村“两委”女干部培训试点项目

在中国乡郊（农村），劳动力中妇女占六成，然而，能出任改善社区环境的职位者，妇女不足1%。2010年，基金会捐资2250万元人民币，与全国妇联合作在安徽、广西及广东潮汕和粤北地区推行“启璞计划”，鼓励村庄女干部自我学习及持续发展，重新检视个人抱负，再创高峰。4304名学员参与移动网络科技的平台，加强学员、高校研究员及政府人员之间的互动。

项目在安徽大学、广西大学、汕头大学和广西农业职业技术学院组建综合师资团队，为女村官设计涵盖自我探索和发展规划、领导动员及协调能力、新资讯科技知识、乡村经济发展、政策法律解读等培训板块，兼顾女村官自我发展提升与社区发展开展集中培训；结合“三网合一”远程教育，由中国教育电视台（CETV）承担实施，通过手机、电视、网络三大平台，为村“两委”女干部提供持续学习和互动交流平台；与此同时，鼓励女村官在实践中运用所学的理念、知识和技能，设计并实践具有创新性的农村发展项目，民主评选出优秀乡村发展小计划，给予小额资助，支持项目实施，带动农村社区发展。试点项目共资助349个优秀种子计划项目，发放“种子计划鼓励金”超过217万元，为349个村庄带来改变。另外，项目资助安徽、广东潮汕地区20名女村官使用平板电脑，配备女村官专属软件，引导他们同享科技和信息社会带来的便利，运用新科技持续学习和开展工作（见图 9）。项目采用的可持续发展培训模式，提升了村“两委”女干部的综合能力，激荡积极能量的持续辐射和传递，通过项目杠杆作用，带动 4304 个村庄的发展，惠及 800 万村民。

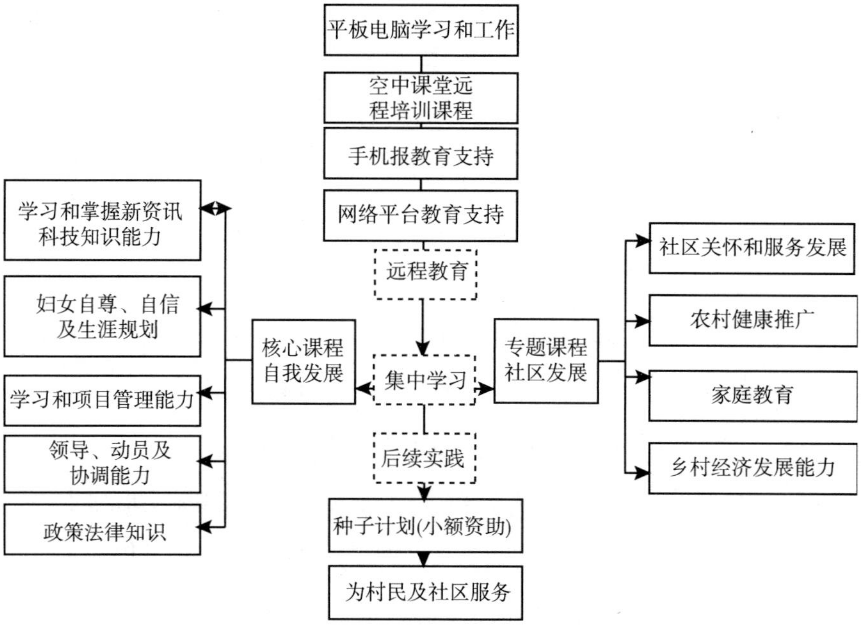

图 9　女村官培训内容框架

2. “集思公益幸福广东”——支持妇女计划

“集思公益幸福广东”——支持妇女计划是李嘉诚基金会与广东省政府共同出资 2000 万元合作实施的创新型公益慈善项目，由广东省妇儿工委执行。计划启动于 2012 年 10 月，通过将各种关于妇女发展的计划、数据呈现在互联网上，让广大民众决定最终获选项目，培养社区关怀之心，推动性别议题主流化。

该计划设立公正透明的项目申请和资助规则，面向广东省内合法登记的社会团体和民办非企业单位，开放提交支持妇女、服务社区的创意项目。通过专家甄选，产生符合甄选原则、可行性强的优质公益项目供公众选择。充分运用网络和科技联动力，广泛动员公众通过网络和电话投票，选出最具意义的创意项目，最后完全根据公众投票结果决定获得资助的项目。各获选项目报告也悉数上传到网站，实践慈善问责。同时通过简报、高校投票动员、伙伴见面会、官方微博与社会组织开放公众互动平台，打造全民参与模式并将推动全方位科学化的公益教育。

该计划已于2012年12月17日开始第一期申请，共收到来自广东省21个省辖市及省级社会组织的共1000份项目申请，通过专家甄选，其中779份支持妇女公益项目成为供公众投票项目。通过公众投票，88个项目，69家社会组织得到“集思公益幸福广东”——支持妇女计划第一期资助，服务于多元化的受惠对象（见表8）。该计划荣获“广东省2012年社会管理十大创新案例”及“中华女性公益慈善典范”之“十大女性公益品牌项目”奖项。

表8 “集思公益幸福广东”——支持妇女计划第一期资助项目受惠群体比例

序号	受惠群体	占比
1	社区妇女	14.77%
2	特殊儿童及其女性照顾者	10.23%
3	城市贫困妇女	9.09%
4	职业妇女	9.09%
5	单亲妈妈	7.95%
6	外来妇女及女工	7.95%
7	病患妇女	6.82%
8	女童及其他青年女性	6.82%
9	老年妇女	5.68%
10	妈妈群体	5.68%

续表

序号	受惠群体	占比
11	农村妇女	5.68%
12	儿童为主的项目	4.55%
13	困境妇女	2.27%
14	受家暴影响的妇女	2.27%
15	其他妇女群体	1.14%

（五）能源基金会（美国）北京办事处

能源基金会是从事可持续能源发展的非营利性公益组织。1990年12月在美国成立，总部设在美国旧金山。能源基金会的宗旨是通过提高能源效率和开发可再生能源，实现能源的可持续利用。主要的工作方式是在对实际情况进行分析和研究的基础上寻找切实可行的解决方案。该项目资助领域主要集中在建筑节能、交通节能、电力、可再生能源和气候变化等方面。能源基金会在美国的项目合作机构来自清洁能源、健康、劳工、环境、产权等领域，包括智库、大学和非政府组织等。

千家企业节能行动、万家企业节能低碳行动项目介绍：

早在2001年，根据国家经贸委和国家发改委相关司局探索社会主义市场经济节能新机制的要求，在能源基金会中国工业节能项目帮助下，节能自愿协议作为国外先进经验首次被引入中国。山东省政府率先开始试点工作，与山东济钢和莱钢两家钢铁厂签署了节能自愿协议。能源基金会联合相关的国际机构如美国劳伦斯－伯克利国家实验室（LBNL），国内机构如北京大学、清华大学、中国节能协会相关专家协助设计了整套试点方案并提供试点阶段技术支持。该项目实现了预期的目标。山东试点的成功让人们认识到节能自愿协议是节能工作的有效机制。之后，节能自愿协议被写入2006年修订的《中华人民共和国节约能源法》。2006年，国家发改委启动了“千家企业节能行动”，1008家年综合能源消费量在18万吨标准煤以上企业参与该行动。和山东节能自愿协议模式类似，1008家企业与所在地政府部门签订了节能目标责任书，自愿承诺完成节能目标。在“十一五”期间，千家企业实现节能1.56亿吨标准煤，超额完成了最初设定的节约1亿吨标准煤的目标。

“十二五”期间，伴随中国《“十二五”节能减排综合性工作方案》等一系列节能减排规划和政策的出台，为推动工业节能工作，在总结“千家企业节能行动”（以下称“千家”）的基础上，国家发改委联合有关部门在“十二五”期间启动了“万家企业节能低碳行动”（以下称“万家”）。“万家”是迄今为止全球最大的一项节能工程，它覆盖16078家企业，年能耗约20亿吨标准煤，约占中国工业能耗的87%、全社会能耗的60%。“万家”的目标是在“十二五”期间节约2.55亿吨标准煤，这一目标对“十二五”节能目标的贡献度约为38%。2.55亿吨标准煤的发电量相当于10座三峡水电站的年发电量之和。

为保证“万家”在地方的顺利实施，国家发改委于2012年组织了针对性的培训活动，相继出台了“万家”的配套政策，包括《万家企业节能目标责任考核实施方案》《万家企业能源利用状况报告制度》以及《关于加强万家企业能源管理体系建设工作的通知》。计划到“十二五”末期，16078家企业基本建立符合《能源管理体系要求》的能源管理体系，提高能源利用效率，完成既定的节能目标。目前“万家”已经取得了阶段性成果，它的规模和即将产生的效果将成为世界瞩目的节能项目。能源基金会中国工业节能项目为中国的“千家”和“万家”的设计和实施工作提供了支持。

（六）新希望基金会（香港）北京代表处

新希望基金会（香港）2002年7月12日在香港商业署公司注册处登记注册。该基金会的宗旨是为中国香港地区和内地的孤残儿童提供医疗救助和助养服务等，提高孤残儿童的生活水平和生活质量，业务范围是为内地福利院的孤残儿童提供助养、助医、康复、重症监护和员工培训等慈善服务。

新希望基金会在内地从事为福利机构改善硬件设备、为孤残儿童提供医疗救助等工作，与内地30多家福利院有合作关系，为其监护下的孤残儿童提供助养、助医、康复、重症监护和员工培训等服务。基金会曾帮助过的对象有先天性心脏病患儿、神经内外科患儿、早产婴儿、膀胱外翻、先天性肛门闭锁、马蹄足内外翻、唇腭裂等症状的孤残儿童。2002年至今，已经在中国内地救助了近2000多名儿童。

重症监护项目介绍：

（1）2004年起，因看到许多福利机构的重症儿童需要长期护理和临终关怀，新希望基金会在河南省下属的福利院，焦作市儿童福利院里面设立了希望重症监护室。设立床位由最初的12张增加到36张。从设立至今，共护理243名重症儿童，存活率达到52%，有26%的儿童手术后进入家庭。本项目资金投入人民币813.761万元。

（2）2007年至今，与河南省信阳市儿童福利院合作设立重症监护中心，新希望共护理194名重症儿童，存活率达到64%，有12%的儿童手术后进入家庭。项目资金投入人民币228.5745万元。2010年扩大床位至54张。

（3）2010年至今，与河南省郑州市儿童福利院合作设立重症监护中心，共护理280名重症儿童，存活率达到66%，有6%的儿童手术后进入家庭。本项目资金投入人民币1339.249万元。

（4）2007年至今，与河南省洛阳市儿童福利院合作设立重症监护中心，共护理686名重症儿童，存活率达到62%，有19%的儿童手术后进入家庭。本项目资金投入人民币5865.5207万元。

（七）美国中华医学基金会北京代表处

美国中华医学基金会（China Medical Board）1928年在美国纽约正式注册，其宗旨为“在这个日益相互依存的世界中，美国中华医学基金会的使命，是在当今相互依存的世界中在中国和东南亚推进医疗卫生事业的质量与公平。基金会处于医疗卫生公益事业的战略前沿，以合作精神致力于专业教育、政策研究、全球健康的创新能力建设”。目前，该基金会重点支持卫生政策与体系科学（HPS）和卫生专业教育（HPE）两个领域。CMB对HPS领域的支持主要采取学科推广、机构建设和学者能力建设三种策略。

卫生政策与体系科学（HPS）项目介绍：

（1）学科推广。CMB资助并举办HPS领域的国际和国内大会，吸引全球和中国的政府官员、知名学者和青年学者，共同讨论卫生领域最重要的问题和前瞻性话题。2012年，CMB资助复旦大学举办了第四届西湖论坛，讨论“加强中国的教育研究型医疗体系（Academic Health System，AHS）”。大会汇集了国内外卫生系统和医学院校高层领导、医院领导，HPS和医学教育领域的资深研究人员、青年学者以及医疗机构管理者等。本次会议在医疗和教育改革对话中引入了“教育研究型医疗体系（AHS）”的概念，借鉴国内外经验，探索AHS在中国的需求和可操作性；交流医学教育、科研和服务三者融合的实践经验；促进医学院校及其附属医院和其所在的医疗教育体系间的伙伴关系。

此外，CMB 一直关注青年学者的培养。2012 年 CMB 除了资助第二届 WHO 全球卫生体系研究大会的召开，还支持 100 位青年学者参加本次大会；同年 8 月还召开了首届西湖青年论坛，资助青年学者、资深学者和海外青年学者在一起交流探讨。

（2）机构建设。CMB 通过资助 CMB 研究中心（CMB Center）和 CMB 合作项目（CMB Collaborating Program，CMB – CP）以推动机构及个人的能力建设。已资助建立北京大学中国卫生发展研究中心、四川大学西部农村卫生政策研究中心和十个 CMB 合作项目。CMB 对中心和合作项目的资助不仅为院校提供高度灵活的经费，更重要的是利用 CMB 广泛的国际资源和影响，为这些院校机构提供智力支持。

（3）学者能力建设。鉴于青年学者经费申请渠道不足，CMB 已经连续 3 年专门为青年学者设立了公开竞标（Open Competition）项目，为他们提供研究经费，并且通过严格激烈的竞标过程和评审反馈使他们的能力在竞标过程中得到锻炼和提高。

CMB 支持的研究课题涵盖疾病管理、合理用药、人群护理、医疗服务支付制度、卫生决策等。

（八）国际救助儿童会（英国）北京代表处

国际救助儿童会是一家全球领先的、独立的儿童慈善组织，1919 年在英国成立，以“推动全社会在对待儿童方面取得突破性的进步，为儿童的生活带来及时和持久的改变”为机构宗旨，在全球 120 多个国家开展工作，涵盖教育、健康、儿童保护等内容，也为受灾害影响的儿童及其家庭提供帮助。早在 20 世纪 90 年代，国际救助儿童会就开始在云南、安徽及西藏等地开展了社区发展、教育等项目，并逐步将工作范围拓展到中国的10多个省份。工作内容现涵盖教育、健康、儿童保护以及防灾和紧急救灾等领域。自1995年至今，国际救助儿童会在中国共投入资金约4.45亿元，近几年平均每年投入金额约5000万元。

未成年人司法项目介绍：

随着我国社会发展和城市化进程的加快，越来越多的未成年人成为留守或流动儿童，这个特殊的儿童群体中违法犯罪人数不断上升，他们的合法权利保护面临挑战。

同时，国际、国内儿童保护工作及司法文明的发展，以及我国未成年人司法保护工作的不断完善，也促使一些研究部门和政府职能部门开始了从理论到实践的探索。2002年以来，国际救助儿童会分别与云南省昆明市盘龙区政府、云南省关心下一代工作委员会、云南省法律援助基金会合作开展未成年人司法试点项目。

2002年6月，国际救助儿童会与昆明市盘龙区政府合作实施的“盘龙区未成年人司法试点项目”启动，在截至2009年10月的7年时间里，该项目依据我国现有法律、法规，参照《联合国儿童权利公约》《联合国少年司法最低限度标准规则》《联合国保护被剥夺自由少年规则》等国际公约，通过搭建司法体系内及司法体系外的多部门合作，借鉴其他国家“合适成年人参与”制度，探索社工介入司法程序，对违法犯罪未成年人实施司法保护社会背景调查、争取司法分流，并在社区进行帮助和矫正；同时对未成年人犯罪的社会原因、家庭原因以及学校原因进行调研，力图在不良行为的早期以及可控危险因素的降低方面进行干预。

2010~2013年，在“盘龙项目”的基础上，国际救助儿童会与云南省关工委、云南省法律援助基金会合作，在玉溪市红塔区、大理市、蒙自市、昆明市盘龙区增加了未成年人法律援助内容，通过社会多方参与的未成年人保护，力图促进多部门联动的综合儿童保护机制的建立，促进新《刑事诉讼法》的实施。项目还与首都师范大学社工研究与服务中心合作，以北京市海淀区为试点，促进“盘龙经验”的推广。

在项目试点期间，项目人员应邀参与了多个国家和地方层面法律法规的制订工作，如新修订的《刑事诉讼法》《关于进一步建立和完善办理未成年人刑事案件配套工作体系的若干意见》以及《云南省预防未成年人犯罪条例》。